LIVRE DE CUISINE AU WOK POUR LES DÉBUTANTS : RECETTES CHINOISES TRADITIONNELLES

RECETTES CHINOISES AU WOK POUR LES SAUTS, LES DIM SUM ET LA CUISSON À LA VAPEUR.

JULIEN LANGLAIS

Tous les droits sont réservés.

Avertissement

Les informations contenues dans cet eBook sont destinées à servir de collection complète de stratégies sur lesquelles l'auteur de cet eBook a effectué des recherches. Les résumés, stratégies, trucs et astuces ne sont que des recommandations de l'auteur, et la lecture de cet eBook ne garantit pas que ses résultats refléteront exactement les résultats de l'auteur. L'auteur de l'eBook a fait tous les efforts raisonnables pour fournir des informations actuelles et précises aux lecteurs de l'eBook. L'auteur et ses associés ne sauraient être tenus responsables des erreurs ou omissions involontaires qui pourraient être constatées. Le contenu de l'eBook peut inclure des informations provenant de tiers. Les documents de tiers comprennent les opinions exprimées par leurs propriétaires. En tant que tel, l'auteur de l'eBook n'assume aucune responsabilité pour tout matériel ou opinion de tiers.

L'eBook est protégé par copyright © 2022 avec tous droits réservés. Il est illégal de redistribuer, copier ou créer des travaux dérivés à partir de cet eBook en tout ou en partie. Aucune partie de ce rapport ne peut être reproduite ou retransmise sous quelque forme que ce soit sans l'autorisation écrite expresse et signée de l'auteur.

TABLE DES MATIÈRES

TABLE DES MATIÈRES..3
INTRODUCTION...7
LÉGUMES ET TOFU..9
   1. Pois mange-tout sautés..10
   2. Épinards sautés à l'ail et à la sauce soja..12
   3. Chou nappa épicé sauté...14
   4. Laitue sautée à la sauce aux huîtres...17
   5. Brocolis sautés et pousses de bambou..19
   6. Haricots verts frits à sec..22
   7. Bok Choy et champignons sautés...25
   8. Mélange de légumes sautés..28
   9. Le délice de Bouddha..31
   10. Tofu à la Hunan..34
   11. Ma Po Tofu..38
   12. Caillé de haricots cuit à la vapeur dans une sauce simple...............42
   13. Asperges au sésame...45
   14. Aubergines et tofu dans une sauce à l'ail grésillant.......................48
   15. Brocoli chinois avec sauce aux huîtres..52

POISSONS ET FRUITS DE MER...55
   16. Crevettes sel et poivre..56
   17. Crevette ivre..60
   18. Crevettes sautées à la shanghaïenne...63
   19. Crevettes aux Noix...67
   20. Pétoncles Veloutés...71
   21. Sauté de fruits de mer et légumes avec nouilles...........................75
   22. Poisson entier cuit à la vapeur avec gingembre et échalotes..........79
   23. Poisson sauté au gingembre et bok choy......................................83

24. Moules à la Sauce aux Haricots Noirs..................86
25. Crabe au curry et à la noix de coco..................89
26. Calmars frits au poivre noir..................92
27. Huîtres frites avec confettis chili-ail..................95

VOLAILLES ET ŒUFS..................98

28. Poulet Kung Pao..................99
29. Poulet au brocoli..................102
30. Poulet au zeste de mandarine..................105
31. Poulet aux noix de cajou..................109
32. Velouté de poulet et pois mange-tout..................112
33. Poulet et Légumes avec Sauce aux Haricots Noirs..................116
34. Poulet aux haricots verts..................120
35. Poulet à la Sauce Sésame..................123
36. Poulet aigre-doux..................127
37. Moo Goo Gaï Pan..................131
38. Oeuf Foo Yong..................135
39. Sauté d'œufs à la tomate..................138
40. Crevettes et Oeufs Brouillés..................141
41. Crème aux œufs à la vapeur salée..................145
42. Ailes de poulet frites à emporter chinoises..................148
43. Poulet au basilic thaï..................152

BOEUF, PORC ET AGNEAU..................154

44. Poitrine de porc braisée..................155
45. Sauté de tomates et boeuf..................158
46. Bœuf et Brocoli..................162
47. Sauté de bœuf au poivre noir..................165
48. Bœuf au sésame..................168
49. Boeuf mongol..................172
50. Bœuf du Sichuan au céleri et aux carottes..................176
51. Coupes de laitue au boeuf hoisin..................180
52. Côtelettes de porc frites à l'oignon..................183
53. Porc aux cinq épices avec bok choy..................187

54. Sauté de porc hoisin..190
55. Poitrine de porc cuite deux fois....................................193
56. Porc Mu Shu avec pancakes à la poêle........................197
57. Côtes levées de porc avec sauce aux haricots noirs.......201
58. Agneau de Mongolie sauté..204
59. Agneau au cumin..207
60. Agneau au gingembre et poireaux................................211
61. Bœuf au basilic thaï..214
62. Porc barbecue chinois...217
63. Petits pains de porc cuits à la vapeur au barbecue.........221
64. Poitrine de porc rôtie à la cantonaise............................225

SOUPES, RIZ ET NOUILLES..228

65. Soupe de nouilles au curry et à la noix de coco..............229
66. Soupe de nouilles au bœuf épicé...................................232
67. Soupe aux oeufs battus..235
68. Soupe wonton simple...237
69. soupe aux oeufs battus..241
70. Riz au œufs frits..244
71. Riz sauté au porc classique..248
72. Nouilles ivres..251
73. Nouilles dan dan du Sichuan..255
74. Soupe aigre-piquante..258
75. Congee de porc...262
76. Riz sauté aux crevettes, œuf et échalotes......................265
77. Riz frit à la truite fumée...269
78. Spam Fried Rice..272
79. Riz vapeur avec Lap Cheung et Bok Choy.....................275
80. Soupe de nouilles au boeuf..279
81. Nouilles à l'ail...283
82. Nouilles de Singapour...286
83. Nouilles de Verre avec Chou Napa...............................290
84. Nouilles Hakka...294
85. Pad nous voir...297

- 86. Poulet chow mein...301
- 87. Boeuf Lo Mein...305
- 88. Nouilles Dan Dan...309
- 89. Plaisir de bouffe de boeuf...313

SAUCES, COLLATIONS ET SUCRES...317

- 90. Sauce aux haricots noirs...318
- 91. Huile d'échalote-gingembre...321
- 92. Sauce XO...323
- 93. Huile de piment frit...327
- 94. Sauce aux prunes...329
- 95. Maïs soufflé aux épices Hakka...332
- 96. Oeufs trempés dans le thé...334
- 97. Petits pains aux oignons verts cuits à la vapeur...337
- 98. Gâteau éponge aux amandes cuit à la vapeur...341
- 99. Soufflés aux œufs de sucre...345
- 100. Chrysanthème et Pêche Tong Sui...349

CONCLUSION...351

INTRODUCTION

Qu'est-ce qu'un Wok ?

Un wok est défini comme un ustensile de cuisine à fond rond avec des côtés hauts, généralement conçu avec deux poignées latérales ou une poignée plus grande. Le fond rond d'un wok permet de répartir la chaleur plus uniformément qu'une casserole, ce qui signifie que les aliments peuvent cuire en moins de temps. Les parois hautes permettent de mélanger plus facilement les aliments, comme lors de la cuisson d'un sauté, ce qui signifie que les ingrédients peuvent être mélangés et cuits uniformément.

Ce livre de cuisine vous propose une centaine de plats chinois différents au wok en un seul endroit. Ce livre est conçu pour tous ceux qui aiment manger de la nourriture chinoise mais qui ne connaissent pas toutes les techniques de cuisine chinoise. Dans ce livre de cuisine, vous découvrirez des façons simples et faciles de cuisiner des plats chinois traditionnels en utilisant des sauces et des épices chinoises authentiques. Les plats sont classés en fonction de la variété des repas offerts par cette cuisine, vous trouverez donc une gamme de boulettes ainsi que des recettes de riz, de nouilles, de soupes, de porc, de bœuf, d'agneau, de volaille, de fruits de mer, de tofu et d'apéritifs.

Techniques de cuisine chinoises populaires

Apprendre les techniques de base de la cuisine chinoise est essentiel pour cuisiner des plats chinois de qualité à la maison.

A. CUISSON AU WOK

Pour la cuisson au wok, vous devrez d'abord préchauffer le wok et vous assurer de le sécher complètement avant d'ajouter de l'huile. Ensuite, vous pouvez ajouter de l'huile dans votre wok dans un mouvement circulaire pour couvrir toute la base du wok, et lorsque vous le faites, assurez-vous que le wok est seulement chaud et ne fume pas. Les woks antiadhésifs peuvent s'abîmer lorsqu'ils sont trop chauffés.

B. SAUTÉ

Le sauté chinois est effectué à feu vif, donc s'il y a une cuisinière conventionnelle à la maison, faites sauter uniquement lorsque votre wok ou votre poêle est préchauffé. Une fois que la casserole ou la marmite est préchauffée, ajoutez l'huile et les autres ingrédients. Lorsque vous ajoutez les ingrédients dans la casserole, assurez-vous qu'ils sont à température ambiante ou pas froids. Les ingrédients froids dans un wok cantonais rendront les aliments détrempés après la cuisson.

C. VELOURS À L'HUILE POUR SAUTÉS

Cette technique de cuisson consiste à saisir la volaille ou la viande avant de la faire sauter dans l'huile chaude pendant une courte période, jusqu'à ce qu'elle devienne légèrement brune. Vous trouverez également de nombreux plats dans ce livre avec la même méthode employée pour le bœuf, le porc et la volaille. La viande est ensuite retirée, puis ajoutée au plat réel. Pour un meilleur goût, la viande est marinée avant le veloutage.

LÉGUMES ET TOFU

1. Pois mange-tout sautés

Ingrédients

- 2 cuillères à soupe d'huile végétale
- 2 tranches de gingembre frais pelé, chacune d'environ la taille d'un quart
- Sel casher
- ¾ livre de pois mange-tout ou de pois sucrés, sans fil

les directions:

a) Faire chauffer un wok à feu moyen-élevé jusqu'à ce qu'une goutte d'eau grésille et s'évapore au contact. Verser l'huile et remuer pour enrober le fond du wok. Assaisonner l'huile en ajoutant les tranches de gingembre et une pincée de sel. Laisser le gingembre grésiller dans l'huile pendant environ 30 secondes, en tourbillonnant doucement.

b) Ajouter les pois mange-tout et, à l'aide d'une spatule wok, mélanger pour bien enrober d'huile. Faire sauter pendant 2 à 3 minutes, jusqu'à ce qu'ils soient vert clair et tendres.

c) Transférer dans un plat et jeter le gingembre. Servir chaud.

2. Épinards sautés à l'ail et à la sauce soja

Ingrédients

- 1 cuillère à soupe de sauce soja légère
- 1 cuillère à café de sucre
- 2 cuillères à soupe d'huile végétale
- 4 gousses d'ail, tranchées finement
- Sel casher
- 8 onces d'épinards prélavés

les directions:

a) Dans un petit bol, mélanger le soja léger et le sucre jusqu'à ce que le sucre soit dissous et réserver.

b) Faire chauffer un wok à feu moyen-élevé jusqu'à ce qu'une goutte d'eau grésille et s'évapore au contact. Verser l'huile et remuer pour enrober le fond du wok. Ajouter l'ail et une pincée de sel et faire sauter, en remuant jusqu'à ce que l'ail soit parfumé, environ 10 secondes. À l'aide d'une écumoire, retirer l'ail de la poêle et réserver.

c) Ajouter les épinards à l'huile assaisonnée et faire sauter jusqu'à ce que les verts soient juste flétris et vert vif. Ajouter le mélange de sucre et de soja et mélanger pour bien enrober. Remettre l'ail dans le wok et remuer pour incorporer. Transférer dans un plat et servir.

3. Chou nappa épicé sauté

Ingrédients

- 2 cuillères à soupe d'huile végétale
- 3 ou 4 piments séchés
- 2 tranches de gingembre frais pelé, chacune d'environ la taille d'un quart
- Sel casher
- 2 gousses d'ail, tranchées
- 1 tête de chou napa, râpé
- 1 cuillère à soupe de sauce soja légère
- ½ cuillère à soupe de vinaigre noir
- Poivre noir fraîchement moulu

les directions:
a) Faire chauffer un wok à feu moyen-vif. Verser l'huile et ajouter les piments. Laisser les piments grésiller dans l'huile pendant 15 secondes. Ajouter les tranches de gingembre et une pincée de sel. Incorporer l'ail et faire sauter brièvement pour parfumer l'huile, environ 10 secondes. Ne laissez pas l'ail brunir ou brûler.

b) Ajouter le chou et faire sauter jusqu'à ce qu'il ramollisse et devienne vert vif, environ 4 minutes. Ajouter le soja léger et le vinaigre noir et assaisonner avec une pincée de sel et de poivre. Mélanger pour enrober pendant encore 20 à 30 secondes.

c) Transférer dans un plat et jeter le gingembre. Servir chaud.

4. Laitue sautée à la sauce aux huîtres

Ingrédients

- 1½ cuillères à soupe d'huile végétale
- 1 tranche de gingembre frais pelé, de la taille d'un quart environ
- Sel casher
- 2 gousses d'ail, tranchées finement
- 1 tête de laitue iceberg, rincée et essorée, coupée en morceaux de 1 pouce de large
- 2 cuillères à soupe de sauce aux huîtres
- ½ cuillère à café d'huile de sésame, pour la garniture

les directions:

a) Faire chauffer un wok à feu moyen-élevé jusqu'à ce qu'une goutte d'eau grésille et s'évapore au contact. Ajouter l'huile végétale et remuer pour enrober le fond du wok. Assaisonner l'huile en ajoutant la tranche de gingembre et une pincée de sel. Laisser le gingembre grésiller dans l'huile pendant environ 30 secondes, en tourbillonnant doucement.

b) Ajouter l'ail et faire sauter brièvement pour parfumer l'huile, environ 10 secondes. Ne laissez pas l'ail brunir ou brûler. Ajouter la laitue et faire sauter jusqu'à ce qu'elle commence à flétrir légèrement, 3 à 4 minutes. Arroser la sauce aux huîtres sur la laitue et remuer rapidement pour enrober, encore 20 à 30 secondes.

5. Brocolis sautés et pousses de bambou

Ingrédients

- 2 cuillères à soupe d'huile végétale
- 1 tranche de gingembre frais pelé, de la taille d'un quart environ
- 4 tasses de bouquets de brocoli
- 2 cuillères à soupe d'eau
- 2 gousses d'ail, hachées
- 1 boîte (8 onces) de pousses de bambou tranchées, rincées et égouttées
- 1 cuillère à soupe de sauce soja légère
- 1 cuillère à café d'huile de sésame
- 2 cuillères à café de graines de sésame grillées

les directions:
a) Faire chauffer un wok à feu moyen-vif. Versez l'huile végétale et ajoutez la tranche de gingembre et une pincée de sel.

b) Ajouter le brocoli et faire sauter pendant 2 minutes jusqu'à ce qu'il soit bien vert. Ajouter l'eau et couvrir la casserole pendant 2 minutes pour faire cuire le brocoli à la vapeur.

c) Retirez le couvercle, ajoutez l'ail et continuez à faire sauter pendant 30 secondes. Incorporer les pousses de bambou et continuer à faire sauter pendant 30 secondes supplémentaires.

d) Incorporer l'huile légère de soja et de sésame. Retirez le gingembre et jetez-le. Servir sur un plat chaud et garnir de graines de sésame.

6. Haricots verts frits à sec

Ingrédients

- 1 cuillère à soupe de sauce soja légère
- 1 cuillère à soupe d'ail haché
- 1 cuillère à soupe de doubanjiang (pâte de haricots au piment chinois)
- 2 cuillères à café de sucre
- 1 cuillère à café d'huile de sésame
- Sel casher
- ½ tasse d'huile végétale
- 1 livre de haricots verts, parés, coupés en deux et séchés

les directions:

a) Dans un petit bol, mélanger le soja léger, l'ail, la pâte de haricots, le sucre, l'huile de sésame et une pincée de sel. Mettre de côté.

b) Dans un wok, chauffer l'huile végétale à feu moyen-vif. Faites frire les haricots. Tourner doucement les haricots dans l'huile jusqu'à ce qu'ils apparaissent ridés.

c) Une fois tous les haricots cuits, transférez délicatement l'huile restante dans un récipient résistant à la chaleur. Utilisez une paire de pinces avec quelques serviettes en papier pour essuyer et nettoyer le wok.

d) Remettre le wok à feu vif et ajouter 1 cuillère à soupe de l'huile de friture réservée. Ajouter les haricots verts et la sauce chili, faire sauter jusqu'à ce que la sauce arrive à ébullition et enrobe les haricots verts. Transférer les haricots dans un plat et servir chaud.

7. Bok Choy et champignons sautés

Ingrédients

- 3 cuillères à soupe d'huile végétale
- 1 tranche de gingembre frais pelé, de la taille d'un quart environ
- ½ livre de champignons shiitake frais
- 2 gousses d'ail, hachées
- 1½ livre de mini bok choy, coupé en morceaux de 1 pouce
- 2 cuillères à soupe de vin de riz Shaoxing
- 2 cuillères à café de sauce soja légère
- 2 cuillères à café d'huile de sésame

les directions:
a) Faire chauffer un wok à feu moyen-vif. Verser l'huile végétale et remuer pour enrober le fond du wok. Ajouter la tranche de gingembre et une pincée de sel.

b) Ajouter les champignons et faire sauter pendant 3 à 4 minutes, jusqu'à ce qu'ils commencent tout juste à dorer. Ajouter l'ail et faire sauter jusqu'à ce qu'il soit parfumé, environ 30 secondes de plus.

c) Ajouter le bok choy et mélanger avec les champignons. Ajouter le vin de riz, le soja léger et l'huile de sésame. Cuire 3 à 4 minutes en remuant constamment les légumes jusqu'à ce qu'ils soient tendres.

d) Transférer les légumes dans un plat de service, jeter le gingembre et servir chaud.

8. Mélange de légumes sautés

Ingrédients

- 3 cuillères à soupe d'huile végétale
- 1 tranche de gingembre frais pelé, de la taille d'un quart environ
- Sel casher
- ½ oignon blanc, coupé en morceaux de 1 pouce
- 1 grosse carotte, pelée et coupée en diagonale
- 2 côtes de céleri, coupées en diagonale en tranches de ¼ de pouce d'épaisseur
- 6 champignons shiitake frais
- 1 poivron rouge, coupé en morceaux de 1 pouce
- 1 petite poignée de haricots verts, parés
- 2 gousses d'ail, hachées finement
- 2 oignons verts, tranchés finement

les directions:

a) Faire chauffer un wok à feu moyen-élevé jusqu'à ce qu'une goutte d'eau grésille et s'évapore au contact. Verser l'huile et remuer pour enrober le fond du wok. Assaisonner l'huile en ajoutant la tranche de gingembre et une pincée de sel. Laisser grésiller dans l'huile pendant environ 30 secondes, en remuant doucement.

b) Ajouter l'oignon, la carotte et le céleri au wok et faire sauter, en déplaçant rapidement les légumes dans le wok à l'aide d'une spatule. Lorsque les légumes commencent à être tendres, environ 4 minutes, ajoutez les champignons et continuez à les mélanger dans le wok chaud.

c) Lorsque les champignons semblent tendres, ajoutez le poivron et continuez à remuer, environ 4 minutes de plus. Lorsque les poivrons commencent à ramollir, ajouter les haricots verts et remuer jusqu'à ce qu'ils soient tendres, environ 3 minutes de plus. Ajouter l'ail et remuer jusqu'à ce qu'il soit parfumé.

d) Transférer dans un plat, jeter le gingembre et garnir avec les oignons verts. Servir chaud.

9. Le délice de Bouddha

Ingrédients

- Petite poignée (environ ⅓ tasse) champignons auriculaires en bois séchés
- 8 champignons shiitake séchés
- 2 cuillères à soupe de sauce soja légère
- 2 cuillères à café de sucre
- 1 cuillère à café d'huile de sésame
- 2 cuillères à soupe d'huile végétale
- 2 tranches de gingembre frais pelé, chacune d'environ la taille d'un quart
- Sel casher
- 1 courge delicata, coupée en deux, épépinée et coupée en bouchées
- 2 cuillères à soupe de vin de riz Shaoxing
- 1 tasse de pois sucrés, fils retirés
- 1 boîte (8 onces) de châtaignes d'eau, rincées et égouttées
- Poivre noir fraîchement moulu

les directions:

a) Faire tremper les deux champignons séchés dans des bols séparés juste recouverts d'eau chaude jusqu'à ce qu'ils soient tendres, environ 20 minutes. Égoutter et jeter le liquide de trempage des oreilles en bois. Égoutter et conserver ½ tasse de liquide shiitake. Au liquide de champignons, ajoutez le soja léger, le sucre et l'huile de sésame et remuez pour dissoudre le sucre. Mettre de côté.

b) Faire chauffer un wok à feu moyen-élevé jusqu'à ce qu'une goutte d'eau grésille et s'évapore au contact. Verser l'huile végétale et remuer pour enrober le fond du wok. Assaisonner l'huile en ajoutant les tranches de gingembre et une pincée de sel. Laisser le gingembre grésiller dans l'huile pendant environ 30 secondes, en tourbillonnant doucement.

c) Ajouter la courge et faire sauter en remuant avec l'huile assaisonnée pendant environ 3 minutes. Ajouter les champignons et le vin de riz et continuer à faire sauter pendant 30 secondes. Ajouter les pois mange-tout et les châtaignes d'eau, en remuant pour les enrober d'huile. Ajouter le liquide d'assaisonnement aux champignons réservé et couvrir. Poursuivre la cuisson, en remuant de temps en temps, jusqu'à ce que les légumes soient juste tendres, environ 5 minutes.

d) Retirer le couvercle et assaisonner avec du sel et du poivre au goût. Jetez le gingembre et servez.

10.   Tofu à la Hunan

Ingrédients

- 1 cuillère à café de fécule de maïs
- 1 cuillère à soupe d'eau
- 4 cuillères à soupe d'huile végétale ou de canola, divisées
- Sel casher
- 1 livre de tofu ferme, égoutté et coupé en carrés de ½ pouce d'épaisseur, 2 pouces de diamètre
- 3 cuillères à soupe de haricots noirs fermentés, rincés et écrasés
- 2 cuillères à soupe de doubanjiang (pâte de haricots au piment chinois)
- 1 pouce de gingembre frais, pelé et haché finement
- 3 gousses d'ail, hachées finement
- 1 gros poivron rouge, coupé en morceaux de 1 pouce
- 4 oignons verts, coupés en sections de 2 pouces
- 1 cuillère à soupe de vin de riz Shaoxing
- 1 cuillère à café de sucre
- ¼ tasse de bouillon de poulet ou de légumes à faible teneur en sodium

les directions:

a) Dans un petit bol, mélanger la fécule de maïs et l'eau et réserver.

b) Faire chauffer un wok à feu moyen-élevé jusqu'à ce qu'une goutte d'eau grésille et s'évapore au contact. Versez 2 cuillères à soupe d'huile et remuez pour enrober le fond et les parois du wok. Ajouter une pincée de sel et disposer les tranches de tofu dans le wok en une seule couche. Saisir le tofu pendant 1 à 2 minutes, en inclinant le wok pour glisser l'huile sous le tofu pendant qu'il saisit. Lorsque le premier côté est doré, à l'aide d'une spatule wok, retourner délicatement le tofu et saisir encore 1 à 2 minutes jusqu'à ce qu'il soit doré. Transférer le tofu poêlé dans une assiette et réserver.

c) Baisser le feu à moyen-doux. Ajouter les 2 cuillères à soupe d'huile restantes dans le wok. Dès que l'huile commence à légèrement fumer, ajouter les haricots noirs, la pâte de haricots, le gingembre et l'ail. Faire sauter pendant 20 secondes ou jusqu'à ce que l'huile prenne une couleur rouge foncé à cause de la pâte de haricots.

d) Ajouter le poivron et les oignons verts et mélanger avec le vin de Shaoxing et le sucre. Cuire encore une minute ou jusqu'à ce que le vin soit presque évaporé et que le poivron soit tendre.

e) Incorporer délicatement le tofu frit jusqu'à ce que tous les ingrédients du wok soient combinés. Poursuivre la cuisson pendant 45 secondes de plus ou jusqu'à ce que le tofu prenne une couleur rouge foncé et que les oignons verts soient flétris.

f) Versez le bouillon de poulet sur le mélange de tofu et remuez doucement pour déglacer le wok et dissoudre les morceaux collés sur le wok. Remuez rapidement le mélange fécule de maïs-eau et ajoutez-le au wok. Remuer doucement et laisser mijoter pendant 2 minutes, ou jusqu'à ce que la sauce devienne brillante et épaisse. Servir chaud.

11.   Ma Po Tofu

Ingrédients

- ½ livre de porc haché
- 2 cuillères à soupe de vin de riz Shaoxing
- 2 cuillères à café de sauce soja légère
- 1 cuillère à café de gingembre frais pelé finement haché
- 2 cuillères à café de fécule de maïs
- 1½ cuillères à soupe d'eau
- 2 cuillères à soupe d'huile végétale
- 1 cuillère à soupe de grains de poivre de Sichuan, broyés
- 3 cuillères à soupe de doubanjiang (pâte de haricots au piment chinois)
- 4 oignons verts, tranchés finement, divisés
- 1 cuillère à café d'huile de piment
- 1 cuillère à café de sucre
- ½ cuillère à café de cinq épices chinoises en poudre
- 1 livre de tofu moyen, égoutté et coupé en cubes de ½ pouce
- 1½ tasse de bouillon de poulet à faible teneur en sodium
- Sel casher

- 1 cuillère à soupe de feuilles de coriandre fraîche hachées grossièrement, pour la garniture

les directions:

a) Dans un petit bol, mélanger le porc haché, l'alcool de riz, le soja léger et le gingembre. Mettre de côté. Dans un autre petit bol, mélanger la fécule de maïs avec l'eau. Mettre de côté.

b) Faites chauffer un wok à feu moyen-élevé et versez-y l'huile végétale. Ajouter les grains de poivre de Sichuan et faire sauter doucement jusqu'à ce qu'ils commencent à grésiller lorsque l'huile se réchauffe.

c) Ajouter le porc mariné et la pâte de haricots et faire sauter pendant 4 à 5 minutes, jusqu'à ce que le porc soit doré et émietté. Ajouter la moitié des oignons verts, l'huile de piment, le sucre et la poudre de cinq épices. Continuez à faire sauter pendant encore 30 secondes ou jusqu'à ce que les oignons verts flétrissent.

d) Répartir les cubes de tofu sur le porc et verser le bouillon. Ne remuez pas; laisser le tofu cuire et raffermir un peu d'abord. Couvrir et laisser mijoter 15 minutes à feu moyen. Découvrir et remuer doucement. Attention à ne pas trop casser les cubes de tofu.

e) Goûtez et ajoutez du sel ou du sucre, selon votre préférence. Du sucre supplémentaire peut calmer le piquant s'il fait trop chaud. Mélanger à nouveau la fécule de maïs et l'eau et ajouter au tofu. Remuer doucement jusqu'à ce que la sauce épaississe.

f) Garnir avec les oignons verts et la coriandre restants et servir chaud.

12. **Caillé de haricots cuit à la vapeur dans une sauce simple**

Ingrédients

- 1 livre de tofu moyen
- 2 cuillères à soupe de sauce soja légère
- 1 cuillère à soupe d'huile de sésame
- 2 cuillères à café de vinaigre noir
- 2 gousses d'ail, hachées finement
- 1 cuillère à café de gingembre frais pelé finement haché
- ½ cuillère à café de sucre
- 2 oignons verts, tranchés finement
- 1 cuillère à soupe de feuilles de coriandre fraîche hachées grossièrement

les directions:

a) Sortir le tofu de son emballage en prenant soin de le garder intact. Placez-le sur une grande assiette et coupez-le soigneusement en tranches de 1 à 1½ pouce d'épaisseur. Laisser reposer 5 minutes. Le repos du tofu permet à une plus grande partie de son lactosérum de s'écouler.

b) Rincez un panier vapeur en bambou et son couvercle sous l'eau froide et placez-le dans le wok. Versez environ 2 pouces d'eau froide, ou jusqu'à ce qu'elle dépasse le bord inférieur du cuiseur vapeur d'environ ¼ à ½ pouce, mais pas trop haut pour que l'eau touche le fond du panier.

c) Égouttez tout surplus de petit-lait de l'assiette de tofu et placez l'assiette dans le cuiseur à vapeur en bambou. Couvrir et mettre le wok à feu moyen-vif. Porter l'eau à ébullition et cuire le tofu à la vapeur pendant 6 à 8 minutes.

d) Pendant que le tofu cuit à la vapeur, dans une petite casserole, mélanger le soja léger, l'huile de sésame, le vinaigre, l'ail, le gingembre et le sucre à feu doux jusqu'à ce que le sucre soit dissous.

e) Verser la sauce chaude sur le tofu et garnir avec les oignons verts et la coriandre.

13.   Asperges au sésame

Ingrédients

- 2 cuillères à soupe de sauce soja légère
- 1 cuillère à café de sucre
- 1 cuillère à soupe d'huile végétale
- 2 grosses gousses d'ail, hachées grossièrement
- 2 livres d'asperges, parées et coupées en diagonale en morceaux de 2 pouces de long
- Sel casher
- 2 cuillères à soupe d'huile de sésame
- 1 cuillère à soupe de graines de sésame grillées

les directions:
a) Dans un petit bol, mélanger le soja léger et le sucre ensemble jusqu'à ce que le sucre se dissolve. Mettre de côté.

b) Faire chauffer un wok à feu moyen-élevé jusqu'à ce qu'une goutte d'eau grésille et s'évapore au contact. Verser l'huile végétale et remuer pour enrober le fond du wok. Ajouter l'ail et faire sauter jusqu'à ce qu'il soit parfumé, environ 10 secondes.

c) Ajouter les asperges et faire sauter. Ajouter le mélange de sauce soja et remuer pour enrober les asperges, cuire environ 1 minute de plus.

d) Verser l'huile de sésame sur les asperges et transférer dans un bol de service. Garnir de graines de sésame et servir chaud.

14.   Aubergines et tofu dans une sauce à l'ail grésillant

Ingrédients

- 6 tasses d'eau plus 1 cuillère à soupe, divisées
- 1 cuillère à soupe de sel casher
- 3 longues aubergines chinoises (environ ¾ livre), parées et tranchées en diagonale en morceaux de 1 pouce
- 1½ cuillères à soupe de fécule de maïs, divisée
- 1 cuillère à soupe de sauce soja légère
- 2 cuillères à café de sucre
- ½ cuillère à café de sauce soja noire
- 3 cuillères à soupe d'huile végétale, divisées
- 3 gousses d'ail, hachées
- 1 cuillère à café de gingembre frais pelé haché
- ½ livre de tofu ferme, coupé en cubes de ½ pouce

les directions:

a) Dans un grand bol, mélanger les 6 tasses d'eau et le sel. Remuer brièvement pour dissoudre le sel et ajouter les morceaux d'aubergine. Placez un grand couvercle de casserole sur le dessus pour garder les aubergines immergées dans l'eau et laissez reposer pendant 15 minutes. Égouttez les aubergines et séchez-les avec du papier absorbant. Mélanger l'aubergine dans un bol avec un saupoudrage de fécule de maïs, environ 1 cuillère à soupe.

b) Dans un petit bol, mélanger la ½ cuillère à soupe de fécule de maïs restante avec la cuillère à soupe d'eau restante, le soja clair, le sucre et le soja noir. Mettre de côté.

c) Faire chauffer un wok à feu moyen-élevé jusqu'à ce qu'une goutte d'eau grésille et s'évapore au contact. Versez 2 cuillères à soupe d'huile et agitez pour enrober la base du wok et ses côtés. Disposez les aubergines en une seule couche dans le wok.

d) Saisir les aubergines de chaque côté, environ 4 minutes de chaque côté. L'aubergine doit être légèrement carbonisée et dorée. Baisser le feu à moyen si le wok commence à fumer. Transférer les aubergines dans un bol et remettre le wok sur le feu.

e) Ajouter la cuillère à soupe d'huile restante et faire sauter l'ail et le gingembre jusqu'à ce qu'ils soient parfumés et grésillants, environ 10 secondes. Ajouter le tofu et faire revenir 2 minutes de plus, puis remettre l'aubergine dans le wok. Remuez à nouveau la sauce et versez-la dans le wok en mélangeant tous les ingrédients jusqu'à ce que la sauce épaississe en une consistance sombre et brillante.

f) Transférer les aubergines et le tofu dans un plat et servir chaud.

15.   Brocoli chinois avec sauce aux huîtres

Ingrédients

- ¼ tasse de sauce aux huîtres
- 2 cuillères à café de sauce soja légère
- 1 cuillère à café d'huile de sésame
- 2 cuillères à soupe d'huile végétale
- 4 tranches de gingembre frais pelé, chacune de la taille d'un quart
- 4 gousses d'ail, pelées
- Sel casher
- 2 bottes de brocoli chinois ou de brocoli, bouts durs coupés
- 2 cuillères à soupe d'eau

les directions:

a) Dans un petit bol, mélanger la sauce aux huîtres, le soja léger et l'huile de sésame et réserver.

b) Faire chauffer un wok à feu moyen-élevé jusqu'à ce qu'une goutte d'eau grésille et s'évapore au contact. Verser l'huile végétale et remuer pour enrober le fond du wok. Ajouter le gingembre, l'ail et une pincée de sel. Laisser les aromates grésiller dans l'huile, en tourbillonnant doucement pendant environ 10 secondes.

c) Ajouter le brocoli et remuer, en remuant jusqu'à ce qu'il soit enrobé d'huile et vert vif. Ajouter l'eau et couvrir pour faire cuire le brocoli à la vapeur pendant environ 3 minutes, ou jusqu'à ce que les tiges puissent facilement être percées avec un couteau. Retirer le gingembre et l'ail et jeter.

d) Incorporer la sauce et remuer pour enrober jusqu'à ce qu'elle soit chaude. Transférer à une assiette de service.

POISSONS ET FRUITS DE MER

16.   Crevettes sel et poivre

Ingrédients:

- 1 cuillère à soupe de sel casher
- 1½ cuillères à café de grains de poivre de Sichuan
- 1½ livre de grosses crevettes (U31-35), décortiquées et déveinées, queues laissées
- ½ tasse d'huile végétale
- 1 tasse de fécule de maïs
- 4 oignons verts, tranchés en diagonale
- 1 piment jalapeño, coupé en deux et épépiné, tranché finement
- 6 gousses d'ail, tranchées finement

les directions:

a) Dans une petite sauteuse ou une poêle à feu moyen, faire griller le sel et les grains de poivre jusqu'à ce qu'ils soient aromatiques, en secouant et en remuant fréquemment pour éviter de brûler. Transférer dans un bol pour refroidir complètement. Broyer le sel et les grains de poivre ensemble dans un moulin à épices ou avec un mortier et un pilon. Transférer dans un bol et réserver.

b) Séchez les crevettes avec une serviette en papier.

c) Dans un wok, chauffer l'huile à feu moyen-vif jusqu'à 375°F, ou jusqu'à ce qu'elle bouillonne et grésille autour du bout d'une cuillère en bois.

d) Mettez la fécule de maïs dans un grand bol. Juste avant que vous soyez prêt à faire frire les crevettes, mélangez la moitié des crevettes pour les enrober de fécule de maïs et secouez tout excès de fécule de maïs.

e) Faire frire les crevettes pendant 1 à 2 minutes, jusqu'à ce qu'elles deviennent roses. À l'aide d'une écumoire wok, transférer les crevettes frites sur une grille posée sur une plaque à pâtisserie pour les égoutter. Répétez le processus avec les crevettes restantes en les jetant dans la fécule de maïs, en les faisant frire et en les transférant sur la grille pour les égoutter.

f) Une fois que toutes les crevettes ont été cuites, retirez soigneusement tout sauf 2 cuillères à soupe d'huile et remettez le wok à feu moyen. Ajouter les oignons verts, le jalapeño et l'ail et faire sauter jusqu'à ce que les oignons verts et le jalapeño deviennent vert vif et que l'ail soit aromatique. Remettre les crevettes dans le wok, assaisonner au goût avec le mélange de sel et de poivre (vous ne pouvez pas tout utiliser) et mélanger pour bien enrober. Transférer les crevettes dans un plat et servir chaud.

17.   Crevette ivre

POUR 4 PERSONNES

Ingrédients:

- 2 tasses de vin de riz Shaoxing
- 4 tranches de gingembre frais pelé, chacune de la taille d'un quart
- 2 cuillères à soupe de baies de goji séchées (facultatif)
- 2 cuillères à café de sucre
- Crevettes géantes de 1 livre (U21-25), décortiquées et déveinées, queues laissées
- 2 cuillères à soupe d'huile végétale
- Sel casher
- 2 cuillères à café de fécule de maïs

les directions:

a) Dans un grand bol à mélanger, mélanger l'alcool de riz, le gingembre, les baies de goji (le cas échéant) et le sucre jusqu'à ce que le sucre soit dissous. Ajouter les crevettes et couvrir. Laisser mariner au réfrigérateur pendant 20 à 30 minutes.

b) Verser les crevettes et la marinade dans une passoire placée au-dessus d'un bol. Réserver ½ tasse de marinade et jeter le reste.

c) Faire chauffer un wok à feu moyen-élevé jusqu'à ce qu'une goutte d'eau grésille et s'évapore au contact. Verser l'huile et remuer pour enrober le fond du wok. Assaisonnez l'huile en ajoutant une petite pincée de sel et remuez doucement.

d) Ajouter les crevettes et faire sauter vigoureusement, en ajoutant une pincée de sel pendant que vous retournez et remuez les crevettes dans le wok. Continuez à déplacer les crevettes pendant environ 3 minutes, jusqu'à ce qu'elles deviennent roses.

e) Incorporer la fécule de maïs dans la marinade réservée et la verser sur les crevettes. Mélanger les crevettes et les enrober de marinade. Il s'épaissira en une sauce brillante lorsqu'il commencera à bouillir, environ 5 minutes de plus.

f) Transférer les crevettes et les baies de goji dans un plat, jeter le gingembre et servir chaud.

18.   Crevettes sautées à la shanghaïenne

Ingrédients:

- Crevettes moyennes à grosses de 1 livre (U31-40), décortiquées et déveinées, queues laissées
- 2 cuillères à soupe d'huile végétale
- Sel casher
- 2 cuillères à café de vin de riz Shaoxing
- 2 oignons verts, finement coupés en julienne

les directions:

a) À l'aide de ciseaux de cuisine bien aiguisés ou d'un couteau à éplucher, coupez les crevettes en deux dans le sens de la longueur, en gardant la section de la queue intacte. Comme les crevettes sont sautées, les couper de cette façon donnera plus de surface et créera une forme et une texture uniques !

b) Séchez les crevettes avec du papier absorbant et gardez-les au sec. Plus les crevettes sont sèches, plus le plat est savoureux. Vous pouvez conserver les crevettes au réfrigérateur, enroulées dans une serviette en papier, jusqu'à 2 heures avant la cuisson.

c) Faire chauffer un wok à feu moyen-élevé jusqu'à ce qu'une goutte d'eau grésille et s'évapore au contact. Verser l'huile et remuer pour enrober le fond du wok. Assaisonnez l'huile en ajoutant une petite pincée de sel et remuez doucement.

d) Ajouter les crevettes en une seule fois dans le wok chaud. Remuer et retourner rapidement pendant 2 à 3 minutes, jusqu'à ce que les crevettes commencent tout juste à rosir. Assaisonner avec une autre petite pincée de sel et ajouter le vin de riz. Laissez le vin bouillir pendant que vous continuez à faire sauter, environ 2 minutes supplémentaires. Les crevettes doivent se séparer et s'enrouler, toujours attachées à la queue.

e) Transférer dans un plat de service et garnir avec les oignons verts. Servir chaud.

19. Crevettes aux Noix

Ingrédients:

- Spray d'huile végétale antiadhésif
- Crevettes géantes de 1 livre (U21-25), décortiquées
- 25 à 30 demi-noix
- 3 tasses d'huile végétale, pour la friture
- 2 cuillères à soupe de sucre
- 2 cuillères à soupe d'eau
- ¼ tasse de mayonnaise
- 3 cuillères à soupe de lait concentré sucré
- ¼ cuillère à café de vinaigre de riz
- Sel casher
- ⅓ tasse de fécule de maïs

les directions:

a) Tapisser une plaque à pâtisserie de papier parchemin et vaporiser légèrement d'un aérosol de cuisson. Mettre de côté.

b) Papillonnez les crevettes en les tenant sur une planche à découper, le côté courbé vers le bas. En partant de la tête, enfoncez la pointe d'un couteau d'office aux trois quarts dans les crevettes. Faire une tranche au centre du dos des crevettes jusqu'à la queue. Ne coupez pas complètement les crevettes et ne coupez pas dans la zone de la queue. Ouvrez les crevettes comme un livre et étalez-les à plat. Essuyez la veine (le tube digestif de la crevette) si elle est visible et rincez les crevettes à l'eau froide, puis séchez-les avec une serviette en papier. Mettre de côté.

c) Dans un wok, chauffer l'huile à feu moyen-vif jusqu'à 375°F, ou jusqu'à ce qu'elle bouillonne et grésille autour du bout d'une cuillère en bois. Faire frire les noix jusqu'à ce qu'elles soient dorées, 3 à 4 minutes, et, à l'aide d'une écumoire wok, transférer les noix dans une assiette tapissée de papier absorbant. Réserver et éteindre le feu.

d) Dans une petite casserole, mélanger le sucre et l'eau et porter à ébullition à feu moyen-élevé, en remuant de temps en temps, jusqu'à ce que le sucre se dissolve. Baisser le feu à moyen et laisser mijoter pour réduire le sirop pendant 5 minutes, ou jusqu'à ce que le sirop soit épais et brillant.

Ajouter les noix et remuer pour bien les enrober de sirop. Transférer les noix sur la plaque à pâtisserie préparée et laisser refroidir. Le sucre doit durcir autour des noix et former une coque confite.

e) Dans un petit bol, mélanger la mayonnaise, le lait concentré, le vinaigre de riz et une pincée de sel. Mettre de côté.

f) Ramenez l'huile du wok à 375°F à feu moyen-vif. Pendant que l'huile chauffe, assaisonnez légèrement les crevettes avec une pincée de sel. Dans un bol à mélanger, mélanger les crevettes avec la fécule de maïs jusqu'à ce qu'elles soient bien enrobées. En travaillant par petits lots, secouez l'excès de fécule de maïs des crevettes et faites-les frire dans l'huile, en les déplaçant rapidement dans l'huile pour qu'elles ne collent pas ensemble. Faire frire les crevettes pendant 2 à 3 minutes jusqu'à ce qu'elles soient dorées.

g) Transférer dans un bol à mélanger propre et arroser de sauce. Pliez délicatement jusqu'à ce que les crevettes soient uniformément enrobées. Disposez les crevettes sur un plat et décorez avec les noix confites. Servir chaud.

20. Pétoncles Veloutés

Ingrédients:

- 1 gros blanc d'oeuf
- 2 cuillères à soupe de fécule de maïs
- 2 cuillères à soupe de vin de riz Shaoxing, divisé
- 1 cuillère à café de sel kasher, divisé
- 1 livre de pétoncles géants frais, rincés, sans muscles et épongés
- 3 cuillères à soupe d'huile végétale, divisées
- 1 cuillère à soupe de sauce soja légère
- ¼ tasse de jus d'orange fraîchement pressé
- Le zeste râpé d'1 orange
- Flocons de piment rouge (facultatif)
- 2 oignons verts, partie verte seulement, tranchés finement, pour la garniture

les directions:

a) Dans un grand bol, mélanger le blanc d'œuf, la fécule de maïs, 1 cuillère à soupe de vin de riz et ½ cuillère à café de sel et remuer avec un petit fouet jusqu'à ce que la fécule de maïs se dissolve complètement et ne soit plus grumeleuse. Ajouter les pétoncles et réfrigérer 30 minutes.

b) Sortez les pétoncles du réfrigérateur. Porter une casserole d'eau de taille moyenne à ébullition. Ajouter 1 cuillère à soupe d'huile végétale et réduire à feu doux. Ajouter les pétoncles à l'eau frémissante et cuire 15 à 20 secondes en remuant continuellement jusqu'à ce que les pétoncles deviennent juste opaques (les pétoncles ne seront pas complètement cuits). À l'aide d'une écumoire wok, transférer les pétoncles sur une plaque à pâtisserie tapissée de papier absorbant et éponger avec du papier absorbant.

c) Dans une tasse à mesurer en verre, mélanger la cuillère à soupe restante de vin de riz, le soja léger, le jus d'orange, le zeste d'orange et une pincée de flocons de piment rouge (le cas échéant) et réserver.

d) Faire chauffer un wok à feu moyen-élevé jusqu'à ce qu'une goutte d'eau grésille et s'évapore au contact. Verser les 2 cuillères à soupe d'huile restantes et remuer pour enrober le fond du wok. Assaisonner l'huile en ajoutant la ½ cuillère à café de sel restante.

e) Ajouter le Velouté de Saint-Jacques au wok et napper de sauce. Faire sauter les pétoncles jusqu'à ce qu'ils soient juste cuits, environ 1 minute. Transférer dans un plat de service et garnir avec les oignons verts.

21. Sauté de fruits de mer et légumes avec nouilles

Ingrédients:

- 1 tasse d'huile végétale, divisée
- 3 tranches de gingembre frais pelé
- Sel casher
- 1 poivron rouge, coupé en morceaux de 1 pouce
- 1 petit oignon blanc, tranché en fines et longues lanières verticales
- 1 grosse poignée de pois mange-tout, fils enlevés
- 2 grosses gousses d'ail, hachées finement
- $\frac{1}{2}$ livre de crevettes ou de poisson, coupé en morceaux de 1 pouce
- 1 cuillère à soupe de sauce aux haricots noirs
- $\frac{1}{2}$ livre de nouilles de riz vermicelles séchées ou de nouilles filées de haricots

les directions:

a) Faire chauffer un wok à feu moyen-élevé jusqu'à ce qu'une goutte d'eau grésille et s'évapore au contact. Versez 2 cuillères à soupe d'huile et remuez pour enrober le fond du wok. Assaisonner l'huile en ajoutant les tranches de gingembre et une petite pincée de sel. Laisser le gingembre grésiller dans l'huile pendant environ 30 secondes, en tourbillonnant doucement.

b) Ajouter le poivron et l'oignon et faire sauter rapidement en les mélangeant et en les retournant dans le wok à l'aide d'une spatule wok.

c) Salez légèrement et continuez à faire sauter pendant 4 à 6 minutes, jusqu'à ce que l'oignon ait l'air tendre et translucide. Ajouter les pois mange-tout et l'ail, en remuant et en retournant jusqu'à ce que l'ail soit parfumé, environ une minute de plus. Transférer les légumes dans une assiette.

d) Chauffez encore 1 cuillère à soupe d'huile et ajoutez les crevettes ou le poisson. Mélanger délicatement et assaisonner légèrement avec une petite pincée de sel. Faire sauter pendant 3 à 4 minutes, ou jusqu'à ce que les crevettes deviennent roses ou que le poisson commence à s'écailler. Remettez les légumes et mélangez le tout pendant 1 minute de plus. Jetez le gingembre et transférez les crevettes dans un plat. Tente avec du papier d'aluminium pour garder au chaud.

e) Essuyez le wok et remettez à feu moyen-vif. Versez le reste de l'huile (environ ¾ de tasse) et chauffez à 375 ° F, ou jusqu'à ce qu'elle bouillonne et grésille autour du bout d'une cuillère en bois. Dès que l'huile est à température, ajouter les nouilles séchées. Ils commenceront immédiatement à gonfler et à sortir de l'huile. À l'aide de pinces, retournez le nuage de nouilles si vous avez besoin de faire frire le dessus, puis retirez délicatement de l'huile et transférez dans une assiette tapissée de papier absorbant pour égoutter et refroidir.

f) Casser délicatement les nouilles en petits morceaux et les répartir sur les légumes sautés et les crevettes. Sers immédiatement.

22. Poisson entier cuit à la vapeur avec gingembre et échalotes

Ingrédients:

Pour le poisson

- 1 poisson blanc entier d'environ 2 livres, avec la tête et nettoyé
- ½ tasse de sel casher, pour le nettoyage
- 3 oignons verts, coupés en morceaux de 3 pouces
- 4 tranches de gingembre frais pelé, chacune de la taille d'un quart
- 2 cuillères à soupe de vin de riz Shaoxing

Pour la sauce

- 2 cuillères à soupe de sauce soja légère
- 1 cuillère à soupe d'huile de sésame
- 2 cuillères à café de sucre

Pour l'huile de gingembre pétillante

- 3 cuillères à soupe d'huile végétale
- 2 cuillères à soupe de gingembre frais pelé finement coupé en fines lamelles
- 2 oignons verts, tranchés finement

- Oignon rouge, tranché finement (facultatif)
- Coriandre (facultatif)

les directions:

a) Frottez le poisson à l'intérieur et à l'extérieur avec le sel kasher. Rincez le poisson et essuyez-le avec du papier absorbant.

b) Sur une assiette assez grande pour tenir dans un panier vapeur en bambou, faites un lit en utilisant la moitié de chacun des oignons verts et du gingembre. Disposer le poisson dessus et farcir le reste des oignons verts et du gingembre à l'intérieur du poisson. Verser le vin de riz sur le poisson.

c) Rincez un panier vapeur en bambou et son couvercle sous l'eau froide et placez-le dans le wok. Versez environ 2 pouces d'eau froide, ou jusqu'à ce qu'elle dépasse le bord inférieur du cuiseur vapeur d'environ $\frac{1}{4}$ à $\frac{1}{2}$ pouce, mais pas trop haut pour que l'eau touche le fond du panier. Amenez l'eau à ébullition.

d) Placer l'assiette dans le panier vapeur et couvrir. Faites cuire le poisson à la vapeur à feu moyen pendant 15 minutes (ajoutez 2 minutes pour chaque demi-livre de plus). Avant de le retirer du wok, piquez le poisson avec une fourchette près de la tête. Si la chair s'émiette, c'est cuit. Si la chair colle encore, cuire à la vapeur 2 minutes de plus.

e) Pendant que le poisson cuit à la vapeur, dans une petite casserole, chauffer le soja léger, l'huile de sésame et le sucre à feu doux et réserver.

f) Une fois le poisson cuit, le transférer dans un plat propre. Jeter le jus de cuisson et les aromates du plat vapeur. Verser le mélange de sauce soja chaude sur le poisson. Recouvrez de papier d'aluminium pour le garder au chaud pendant que vous préparez l'huile.

23. Poisson sauté au gingembre et bok choy

Ingrédients:

- 1 gros blanc d'oeuf
- 1 cuillère à soupe de vin de riz Shaoxing
- 2 cuillères à café de fécule de maïs
- 1 cuillère à café d'huile de sésame
- ½ cuillère à café de sauce soja légère
- Filets de poisson désossés de 1 livre, coupés en morceaux de 2 pouces
- 4 cuillères à soupe d'huile végétale, divisée
- Sel casher
- 4 tranches de gingembre frais pelé, environ la taille d'un quart
- 3 têtes de mini bok choy, coupées en bouchées
- 1 gousse d'ail, hachée

les directions:

a) Dans un bol moyen, mélanger le blanc d'œuf, le vin de riz, la fécule de maïs, l'huile de sésame et le soja léger. Ajouter le poisson à la marinade et remuer pour bien l'enrober. Mariner pendant 10 minutes.

b) Faire chauffer un wok à feu moyen-élevé jusqu'à ce qu'une goutte d'eau grésille et s'évapore au contact. Versez 2 cuillères à soupe d'huile végétale et agitez pour enrober le fond du wok. Assaisonnez l'huile en ajoutant une petite pincée de sel et remuez doucement.

c) À l'aide d'une écumoire, retirer le poisson de la marinade et saisir au wok environ 2 minutes de chaque côté, jusqu'à ce qu'il soit légèrement doré des deux côtés. Transférer le poisson dans une assiette et réserver.

d) Ajouter les 2 cuillères à soupe d'huile végétale restantes dans le wok. Ajouter une autre pincée de sel et le gingembre et assaisonner l'huile en remuant doucement pendant 30 secondes. Ajouter le bok choy et l'ail et faire sauter pendant 3 à 4 minutes, en remuant constamment, jusqu'à ce que le bok choy soit tendre.

e) Remettre le poisson dans le wok et mélanger délicatement avec le bok choy jusqu'à ce qu'il soit combiné. Assaisonner légèrement avec une autre pincée de sel. Transférer dans un plat, jeter le gingembre et servir immédiatement.

24. Moules à la Sauce aux Haricots Noirs

Ingrédients:

- 3 cuillères à soupe d'huile végétale
- 2 tranches de gingembre frais pelé, chacune d'environ la taille d'un quart
- Sel casher
- 2 oignons verts, coupés en morceaux de 2 pouces de long
- 4 grosses gousses d'ail, tranchées finement
- 2 livres de moules vivantes de l'Î.-P.-É., nettoyées et débarrassées
- 2 cuillères à soupe de vin de riz Shaoxing
- 2 cuillères à soupe de sauce aux haricots noirs ou de sauce aux haricots noirs du commerce
- 2 cuillères à café d'huile de sésame
- ½ botte de coriandre fraîche, hachée grossièrement

les directions:

a) Faire chauffer un wok à feu moyen-élevé jusqu'à ce qu'une goutte d'eau grésille et s'évapore au contact. Verser l'huile végétale et remuer pour enrober le fond du wok. Assaisonner l'huile en ajoutant les tranches de gingembre et une petite pincée de sel. Laisser le gingembre grésiller dans l'huile pendant environ 30 secondes, en tourbillonnant doucement.

b) Incorporer les oignons verts et l'ail et faire sauter pendant 10 secondes, ou jusqu'à ce que les oignons verts soient flétris.

c) Ajouter les moules et mélanger pour les enrober d'huile. Verser le vin de riz sur les côtés du wok et mélanger brièvement. Couvrir et cuire à la vapeur pendant 6 à 8 minutes, jusqu'à ce que les moules soient ouvertes.

d) Découvrir et ajouter la sauce aux haricots noirs, en remuant pour bien enrober les moules. Couvrir et laisser cuire à la vapeur encore 2 minutes. Découvrir et ramasser, en enlevant toutes les moules qui ne se sont pas ouvertes.

e) Arroser les moules avec l'huile de sésame. Remuer brièvement jusqu'à ce que l'huile de sésame soit parfumée. Jeter le gingembre, transférer les moules dans un plat et garnir de coriandre.

25. Crabe au curry et à la noix de coco

Ingrédients:

- 2 cuillères à soupe d'huile végétale
- 2 tranches de gingembre frais pelé, environ la taille d'un quart
- Sel casher
- 1 échalote, finement tranchée
- 1 cuillère à soupe de curry en poudre
- 1 (13,5 onces) peut lait de coco
- ¼ cuillère à café de sucre
- 1 cuillère à soupe de vin de riz Shaoxing
- Chair de crabe en conserve de 1 livre, égouttée et triée pour enlever les morceaux de carapace
- Poivre noir fraîchement moulu
- ¼ tasse de coriandre fraîche hachée ou de persil plat, pour la garniture
- Riz cuit, pour servir

les directions:

a) Faire chauffer un wok à feu moyen-élevé jusqu'à ce qu'une goutte d'eau grésille et s'évapore au contact. Verser l'huile et remuer pour enrober le fond du wok. Assaisonner l'huile en ajoutant les tranches de gingembre et une pincée de sel. Laisser le gingembre grésiller dans l'huile pendant environ 30 secondes, en tourbillonnant doucement.

b) Ajouter l'échalote et faire revenir environ 10 secondes. Ajouter le curry en poudre et remuer jusqu'à ce qu'il soit parfumé pendant encore 10 secondes.

c) Incorporer le lait de coco, le sucre et l'alcool de riz, couvrir le wok et cuire 5 minutes.

d) Incorporer le crabe, couvrir avec le couvercle et cuire jusqu'à ce qu'il soit bien chaud, environ 5 minutes. Retirer le couvercle, rectifier l'assaisonnement en sel et poivre et jeter le gingembre. Verser sur le dessus d'un bol de riz et garnir de coriandre ciselée.

26. Calmars frits au poivre noir

Ingrédients:

- 3 tasses d'huile végétale
- Tubes et tentacules de calmar de 1 livre, nettoyés et tubes coupés en ⅓-anneaux de pouce
- ½ tasse de farine de riz
- Sel casher
- ¼ cuillère à café de poivre noir fraîchement moulu
- ¾ tasse d'eau pétillante, gardée glacée
- 2 cuillères à soupe de coriandre fraîche hachée grossièrement

les directions:

a) Versez l'huile dans le wok; l'huile doit être d'environ 1 à 1½ pouces de profondeur. Porter l'huile à 375°F à feu moyen-vif. Vous pouvez dire que l'huile est à la bonne température lorsque l'huile bouillonne et grésille autour du bout d'une cuillère en bois lorsqu'elle est trempée dedans. Épongez le calmar avec du papier absorbant.

b) Pendant ce temps, dans un bol peu profond, mélanger la farine de riz avec une pincée de sel et le poivre. Incorporer juste assez d'eau pétillante pour former une pâte fine. Incorporez les calmars et, en travaillant par lots, soulevez les calmars de la pâte à l'aide d'une écumoire wok ou d'une cuillère à fentes, en secouant tout excès. Abaisser délicatement dans l'huile chaude.

c) Cuire les calmars environ 3 minutes, jusqu'à ce qu'ils soient dorés et croustillants. À l'aide d'une écumoire wok, retirer les calamars de l'huile et les transférer dans une assiette tapissée de papier absorbant et assaisonner légèrement avec du sel. Répéter avec le calmar restant.

d) Transférer les calamars dans un plat et garnir de coriandre. Servir chaud.

27.   Huîtres frites avec confettis chili-ail

Ingrédients:

- 1 contenant (16 onces) de petites huîtres écaillées
- ½ tasse de farine de riz
- ½ tasse de farine tout usage, divisée
- ½ cuillère à café de levure chimique
- Sel casher
- Poivre blanc moulu
- ¼ cuillère à café de poudre d'oignon
- ¾ tasse d'eau pétillante, réfrigérée
- 1 cuillère à café d'huile de sésame
- 3 tasses d'huile végétale
- 3 grosses gousses d'ail, tranchées finement
- 1 petit piment rouge, finement haché
- 1 petit piment vert, finement haché
- 1 oignon vert, tranché finement

les directions:

a) Dans un bol à mélanger, mélanger la farine de riz, ¼ de tasse de farine tout usage, la poudre à pâte, une pincée de sel et de poivre blanc et la poudre d'oignon. Ajouter l'eau pétillante et l'huile de sésame, mélanger jusqu'à consistance lisse et réserver.

b) Dans un wok, chauffer l'huile végétale à feu moyen-vif jusqu'à 375°F, ou jusqu'à ce qu'elle bouillonne et grésille autour du bout d'une cuillère en bois.

c) Éponger les huîtres avec une serviette en papier et les draguer dans le ¼ de tasse restant de farine tout usage. Tremper les huîtres une à la fois dans la pâte à base de farine de riz et les abaisser délicatement dans l'huile chaude.

d) Faire frire les huîtres pendant 3 à 4 minutes ou jusqu'à ce qu'elles soient dorées. Transférer sur une grille de refroidissement montée sur une plaque à pâtisserie pour égoutter. Saupoudrer légèrement de sel.

e) Ramenez la température de l'huile à 375°F et faites frire l'ail et les piments brièvement jusqu'à ce qu'ils soient croustillants mais toujours de couleur vive, environ 45 secondes. À l'aide d'une écumoire métallique, retirez l'huile et placez-la sur une assiette tapissée d'essuie-tout.

f) Disposer les huîtres sur un plat et saupoudrer d'ail et de piments. Garnir avec les oignons verts émincés et servir aussitôt.

VOLAILLES ET ŒUFS

28. Poulet Kung Pao

Ingrédients:

- 3 cuillères à café de sauce soja légère
- 2½ cuillères à café de fécule de maïs
- 2 cuillères à café de vinaigre noir chinois
- 1 cuillère à café de vin de riz Shaoxing
- 1 cuillère à café d'huile de sésame
- ¾ livre de cuisses de poulet désossées, sans peau, coupées en morceaux de 1 pouce
- 2 cuillères à soupe d'huile végétale
- 6 à 8 piments rouges séchés entiers
- 3 oignons verts, parties blanches et vertes séparées, tranchés finement
- 2 gousses d'ail, hachées
- 1 cuillère à café de gingembre frais pelé haché
- ¼ tasse de cacahuètes grillées à sec non salées

les directions:

a) Dans un bol moyen, mélanger le soja léger, la fécule de maïs, le vinaigre noir, le vin de riz et l'huile de sésame jusqu'à ce que la fécule de maïs soit dissoute. Ajouter le poulet et remuer délicatement pour l'enrober. Laisser mariner pendant 10 à 15 minutes, ou suffisamment de temps pour préparer le reste des ingrédients.

b) Faire chauffer un wok à feu moyen-élevé jusqu'à ce qu'une goutte d'eau grésille et s'évapore au contact. Verser l'huile végétale et remuer pour enrober le fond du wok.

c) Ajouter les piments et faire sauter pendant environ 10 secondes, ou jusqu'à ce qu'ils commencent à noircir et que l'huile soit légèrement parfumée.

d) Ajouter le poulet en réservant la marinade et faire sauter 3 à 4 minutes, jusqu'à ce qu'il ne soit plus rosé.

e) Incorporer les blancs d'oignons verts, l'ail et le gingembre et faire sauter pendant environ 30 secondes. Verser la marinade et mélanger pour enrober le poulet. Ajouter les cacahuètes et cuire encore 2 à 3 minutes, jusqu'à ce que la sauce devienne brillante.

f) Transférer dans une assiette de service, garnir avec les feuilles d'oignons verts et servir chaud.

29. Poulet au brocoli

Ingrédients:

- 1 cuillère à soupe de vin de riz Shaoxing
- 2 cuillères à café de sauce soja légère
- 1 cuillère à café d'ail haché
- 1 cuillère à café de fécule de maïs
- ¼ cuillère à café de sucre
- ¾ livre de cuisses de poulet désossées et sans peau, coupées en morceaux de 2 pouces
- 2 cuillères à soupe d'huile végétale
- 4 tranches de gingembre frais pelé, environ la taille d'un quart
- Sel casher
- 1 livre de brocoli, coupé en bouquets de la taille d'une bouchée
- 2 cuillères à soupe d'eau
- Flocons de piment rouge (facultatif)
- ¼ tasse de sauce aux haricots noirs ou de sauce aux haricots noirs du commerce

les directions:

a) Dans un petit bol, mélanger l'alcool de riz, le soja léger, l'ail, la fécule de maïs et le sucre. Ajouter le poulet et laisser mariner 10 minutes.

b) Faire chauffer un wok à feu moyen-élevé jusqu'à ce qu'une goutte d'eau grésille et s'évapore au contact. Verser l'huile végétale et remuer pour enrober le fond du wok. Ajouter le gingembre et une pincée de sel. Laisser le gingembre grésiller pendant environ 30 secondes, en tourbillonnant doucement.

c) Transférer le poulet dans le wok en jetant la marinade. Faire sauter le poulet pendant 4 à 5 minutes, jusqu'à ce qu'il ne soit plus rosé. Ajouter le brocoli, l'eau et une pincée de flocons de piment rouge (le cas échéant) et faire sauter pendant 1 minute. Couvrez le wok et faites cuire le brocoli à la vapeur pendant 6 à 8 minutes, jusqu'à ce qu'il soit à peine tendre.

d) Incorporer la sauce aux haricots noirs jusqu'à ce qu'elle soit bien enrobée et bien chauffée, environ 2 minutes, ou jusqu'à ce que la sauce ait légèrement épaissi et devienne brillante.

e) Jeter le gingembre, transférer dans un plat et servir chaud.

30. Poulet au zeste de mandarine

Ingrédients:

- 3 gros blancs d'œufs
- 2 cuillères à soupe de fécule de maïs
- $1\frac{1}{2}$ cuillères à soupe de sauce soja légère, divisée
- $\frac{1}{4}$ cuillère à café de poivre blanc moulu
- $\frac{3}{4}$ livre de cuisses de poulet désossées et sans peau, coupées en bouchées
- 3 tasses d'huile végétale
- 4 tranches de gingembre frais pelé, chacune de la taille d'un quart
- 1 cuillère à café de grains de poivre de Sichuan, légèrement concassés
- Sel casher
- $\frac{1}{2}$ oignon jaune, tranché finement en lanières de $\frac{1}{4}$ de pouce de large
- Peler 1 mandarine, râpé en lanières de $\frac{1}{8}$ pouce d'épaisseur
- Jus de 2 mandarines (environ $\frac{1}{2}$ tasse)
- 2 cuillères à café d'huile de sésame
- $\frac{1}{2}$ cuillère à café de vinaigre de riz
- Sucre roux clair

- 2 oignons verts, tranchés finement, pour la garniture
- 1 cuillère à soupe de graines de sésame, pour la garniture

les directions:

a) Dans un bol à mélanger, à l'aide d'une fourchette ou d'un fouet, battre les blancs d'œufs jusqu'à ce qu'ils soient mousseux et jusqu'à ce que les mottes les plus serrées soient mousseuses. Incorporer la fécule de maïs, 2 cuillères à café de soja léger et le poivre blanc jusqu'à ce que le tout soit bien mélangé. Incorporer le poulet et laisser mariner 10 minutes.

b) Versez l'huile dans le wok; l'huile doit être d'environ 1 à 1½ pouces de profondeur. Porter l'huile à 375°F à feu moyen-vif. Vous pouvez voir que l'huile est à la bonne température lorsque vous trempez le bout d'une cuillère en bois dans l'huile. Si l'huile bouillonne et grésille autour, l'huile est prête.

c) À l'aide d'une cuillère trouée ou d'une écumoire wok, retirer le poulet de la marinade et secouer l'excédent. Abaisser délicatement dans l'huile chaude. Faire frire le poulet par lots pendant 3 à 4 minutes, ou jusqu'à ce que le poulet soit doré et croustillant à la surface. Transférer dans une assiette recouverte de papier absorbant.

d) Versez tout sauf 1 cuillère à soupe d'huile du wok et mettez-le à feu moyen-vif. Agiter l'huile pour enrober le fond du wok. Assaisonner l'huile en ajoutant le gingembre, les grains de poivre et une pincée de sel. Laisser le gingembre et les grains de poivre grésiller dans l'huile pendant environ 30 secondes, en remuant doucement.

e) Ajouter l'oignon et faire sauter en remuant et en retournant avec une spatule wok pendant 2 à 3 minutes, ou jusqu'à ce que l'oignon devienne tendre et translucide. Ajouter le zeste de mandarine et faire sauter pendant une autre minute, ou jusqu'à ce qu'il soit parfumé.

f) Ajouter le jus de mandarine, l'huile de sésame, le vinaigre et une pincée de cassonade. Porter la sauce à ébullition et laisser mijoter environ 6 minutes, jusqu'à ce qu'elle réduise de moitié. Il doit être sirupeux et très acidulé. Goûtez et ajoutez une pincée de sel, si nécessaire.

g) Éteignez le feu et ajoutez le poulet frit en remuant pour bien l'enrober de sauce. Transférer le poulet dans un plat, jeter le gingembre et garnir avec les oignons verts émincés et les graines de sésame. Servir chaud.

31. Poulet aux noix de cajou

POUR 4 À 6 PERSONNES

Ingrédients:

- 1 cuillère à soupe de sauce soja légère
- 2 cuillères à café de vin de riz Shaoxing
- 2 cuillères à café de fécule de maïs
- 1 cuillère à café d'huile de sésame
- ½ cuillère à café de grains de poivre de Sichuan moulus
- ¾ livre de cuisses de poulet désossées, sans peau, coupées en cubes de 1 pouce
- 2 cuillères à soupe d'huile végétale
- ½ pouce de gingembre frais pelé finement haché
- Sel casher
- ½ poivron rouge, coupé en morceaux de ½ pouce
- 1 petite courgette, coupée en morceaux de ½ pouce
- 2 gousses d'ail, hachées
- ½ tasse de noix de cajou grillées à sec non salées
- 2 oignons verts, parties blanches et vertes séparées, tranchés finement

les directions:

a) Dans un bol moyen, mélanger le soja léger, le vin de riz, la fécule de maïs, l'huile de sésame et le poivre de Sichuan. Ajouter le poulet et remuer délicatement pour l'enrober. Laisser mariner pendant 15 minutes, ou suffisamment de temps pour préparer le reste des ingrédients.

b) Faire chauffer un wok à feu moyen-élevé jusqu'à ce qu'une goutte d'eau grésille et s'évapore au contact. Verser l'huile végétale et remuer pour enrober le fond du wok. Assaisonner l'huile en ajoutant le gingembre et une pincée de sel. Laisser le gingembre grésiller dans l'huile pendant environ 30 secondes, en tourbillonnant doucement.

c) À l'aide de pinces, retirer le poulet de la marinade et le transférer dans le wok en réservant la marinade. Faire sauter le poulet pendant 4 à 5 minutes, jusqu'à ce qu'il ne soit plus rosé. Ajouter le poivron rouge, la courgette et l'ail et faire sauter pendant 2 à 3 minutes, ou jusqu'à ce que les légumes soient tendres.

d) Verser la marinade et mélanger pour enrober les autres ingrédients. Porter la marinade à ébullition et continuer à faire sauter pendant 1 à 2 minutes, jusqu'à ce que la sauce devienne épaisse et brillante. Incorporer les noix de cajou et cuire encore une minute.

e) Transférer dans une assiette de service, garnir d'oignons verts et servir chaud.

32. Velouté de poulet et pois mange-tout

Ingrédients:

- 2 gros blancs d'œufs
- 2 cuillères à soupe de fécule de maïs, plus 1 cuillère à café
- ¾ livre de poitrines de poulet désossées et sans peau
- 3½ cuillères à soupe d'huile végétale, divisée
- ⅓ tasse de bouillon de poulet faible en sodium
- 1 cuillère à soupe de vin de riz Shaoxing
- Sel casher
- Poivre blanc moulu
- 4 tranches de gingembre frais pelé
- 1 boîte (4 onces) de pousses de bambou tranchées, rincées et égouttées
- 3 gousses d'ail, hachées
- ¾ livre de pois mange-tout ou de pois sucrés, sans fil

les directions:

a) Dans un bol à mélanger, à l'aide d'une fourchette ou d'un fouet, battre les blancs d'œufs jusqu'à ce qu'ils soient mousseux et que les morceaux de blanc d'œuf les plus serrés soient mousseux. Incorporer les 2 cuillères à soupe de fécule de maïs jusqu'à ce qu'elles soient bien mélangées et qu'il n'y ait plus de grumeaux. Incorporer le poulet et 1 cuillère à soupe d'huile végétale et laisser mariner.

b) Dans un petit bol, mélanger le bouillon de poulet, le vin de riz et la cuillère à café de fécule de maïs restante, puis assaisonner avec une pincée de sel et une pincée de poivre blanc. Mettre de côté.

c) Porter une casserole moyenne remplie d'eau à ébullition à feu vif. Ajouter ½ cuillère à soupe d'huile et réduire le feu pour laisser mijoter. À l'aide d'une écumoire wok ou d'une écumoire pour permettre à la marinade de s'écouler, transférez le poulet dans l'eau bouillante. Remuez le poulet pour que les morceaux ne s'agglutinent pas. Cuire 40 à 50 secondes, jusqu'à ce que le poulet soit blanc à l'extérieur mais pas bien cuit. Égoutter le poulet dans une passoire et secouer l'excès d'eau. Jeter l'eau frémissante.

d) Faire chauffer un wok à feu moyen-élevé jusqu'à ce qu'une goutte d'eau grésille et s'évapore au contact. Verser les 2 cuillères à soupe d'huile restantes et remuer pour enrober le fond du wok. Assaisonner l'huile en ajoutant les tranches de gingembre et le sel. Laisser le gingembre grésiller dans l'huile pendant environ 30 secondes, en tourbillonnant doucement.

e) Ajouter les pousses de bambou et l'ail et, à l'aide d'une spatule wok, mélanger pour enrober d'huile et cuire jusqu'à ce qu'ils soient parfumés, environ 30 secondes. Ajouter les pois mange-tout et faire sauter pendant environ 2 minutes jusqu'à ce qu'ils soient vert clair et tendres. Ajouter le poulet au wok et incorporer le mélange de sauce. Mélanger pour bien enrober et poursuivre la cuisson 1 à 2 minutes.

f) Transférer dans un plat et jeter le gingembre. Servir chaud.

33. Poulet et Légumes avec Sauce aux Haricots Noirs

Ingrédients:

- 1 cuillère à soupe de sauce soja légère
- 1 cuillère à café d'huile de sésame
- 1 cuillère à café de fécule de maïs
- ¾ livre de cuisses de poulet désossées et sans peau, coupées en bouchées
- 3 cuillères à soupe d'huile végétale, divisées
- 1 tranche de gingembre frais pelé, de la taille d'un quart environ
- Sel casher
- 1 petit oignon jaune, coupé en bouchées
- ½ poivron rouge, coupé en bouchées
- ½ poivron jaune ou vert, coupé en bouchées
- 3 gousses d'ail, hachées
- ⅓ tasse de sauce aux haricots noirs ou de sauce aux haricots noirs du commerce

les directions:

a) Dans un grand bol, mélanger le soja léger, l'huile de sésame et la fécule de maïs jusqu'à ce que la fécule de maïs se dissolve. Ajouter le poulet et remuer pour bien l'enrober de marinade. Réserver le poulet et laisser mariner pendant 10 minutes.

b) Faire chauffer un wok à feu moyen-élevé jusqu'à ce qu'une goutte d'eau grésille et s'évapore au contact. Versez 2 cuillères à soupe d'huile végétale et agitez pour enrober le fond du wok. Assaisonner l'huile en ajoutant le gingembre et une pincée de sel. Laisser le gingembre grésiller dans l'huile pendant environ 30 secondes, en tourbillonnant doucement.

c) Transférer le poulet dans le wok et jeter la marinade. Laissez saisir les morceaux au wok pendant 2 à 3 minutes. Retourner pour saisir de l'autre côté pendant 1 à 2 minutes de plus. Faire sauter en remuant et en retournant rapidement dans le wok pendant 1 minute de plus. Transférer dans un bol propre.

d) Ajouter la cuillère à soupe d'huile restante et incorporer l'oignon et les poivrons. Faire sauter rapidement pendant 2 à 3 minutes, en remuant et en retournant les légumes avec une spatule wok jusqu'à ce que l'oignon soit translucide mais qu'il soit encore ferme dans sa texture. Ajouter l'ail et faire revenir encore 30 secondes.

e) Remettre le poulet dans le wok et ajouter la sauce aux haricots noirs. Mélanger et retourner jusqu'à ce que le poulet et les légumes soient enrobés.

f) Transférer dans un plat, jeter le gingembre et servir chaud.

34. Poulet aux haricots verts

Ingrédients:

- ¾ livre de cuisses de poulet désossées et sans peau, tranchées dans le sens du grain en lanières de la taille d'une bouchée
- 3 cuillères à soupe de vin de riz Shaoxing, divisé
- 2 cuillères à café de fécule de maïs
- Sel casher
- flocons de piment rouge
- 3 cuillères à soupe d'huile végétale, divisées
- 4 tranches de gingembre frais pelé, chacune de la taille d'un quart
- ¾ livre de haricots verts, parés et coupés en deux en diagonale
- 2 cuillères à soupe de sauce soja légère
- 1 cuillère à soupe de vinaigre de riz assaisonné
- ¼ tasse d'amandes effilées, grillées
- 2 cuillères à café d'huile de sésame

les directions:

a) Dans un bol, mélanger le poulet avec 1 cuillère à soupe de vin de riz, la fécule de maïs, une petite pincée de sel et une pincée de flocons de piment rouge. Remuer pour bien enrober le poulet. Mariner pendant 10 minutes.

b) Faire chauffer un wok à feu moyen-élevé jusqu'à ce qu'une goutte d'eau grésille et s'évapore au contact. Versez 2 cuillères à soupe d'huile végétale et agitez pour enrober le fond du wok. Assaisonner l'huile en ajoutant le gingembre et une petite pincée de sel. Laisser le gingembre grésiller dans l'huile pendant environ 30 secondes, en tourbillonnant doucement.

c) Ajouter le poulet et la marinade au wok et faire sauter pendant 3 à 4 minutes, ou jusqu'à ce que le poulet soit légèrement saisi et ne soit plus rose. Transférer dans un bol propre et réserver.

d) Ajouter la cuillère à soupe d'huile végétale restante et faire sauter les haricots verts pendant 2 à 3 minutes, ou jusqu'à ce qu'ils deviennent vert vif. Remettre le poulet dans le wok et mélanger. Ajouter les 2 cuillères à soupe restantes de vin de riz, de soja léger et de vinaigre. Mélanger pour combiner et enrober et laisser mijoter les haricots verts pendant 3 minutes de plus, ou jusqu'à ce que les haricots verts soient tendres. Retirez le gingembre et jetez-le.

e) Mélanger les amandes et transférer dans un plat. Arroser d'huile de sésame et servir chaud.

35. Poulet à la Sauce Sésame

Ingrédients:

- 3 gros blancs d'œufs
- 3 cuillères à soupe de fécule de maïs, divisée
- 1½ cuillères à soupe de sauce soja légère, divisée
- 1 livre de cuisses de poulet désossées et sans peau, coupées en bouchées
- 3 tasses d'huile végétale
- 3 tranches de gingembre frais pelé, chacune d'environ la taille d'un quart
- Sel casher
- flocons de piment rouge
- 3 gousses d'ail, hachées grossièrement
- ¼ tasse de bouillon de poulet faible en sodium
- 2 cuillères à soupe d'huile de sésame
- 2 oignons verts, tranchés finement, pour la garniture
- 1 cuillère à soupe de graines de sésame, pour la garniture

les directions:

a) Dans un bol à mélanger, à l'aide d'une fourchette ou d'un fouet, battre les blancs d'œufs jusqu'à ce qu'ils soient mousseux et que les morceaux de blanc d'œuf les plus serrés soient mousseux. Mélanger 2 cuillères à soupe de fécule de maïs et 2 cuillères à café de soja léger jusqu'à ce que le tout soit bien mélangé. Incorporer le poulet et laisser mariner 10 minutes.

b) Versez l'huile dans le wok; l'huile doit être d'environ 1 à $1\frac{1}{2}$ pouces de profondeur. Porter l'huile à 375°F à feu moyen-vif. Vous pouvez voir que l'huile est à la bonne température lorsque vous trempez le bout d'une cuillère en bois dans l'huile. Si l'huile bouillonne et grésille autour, l'huile est prête.

c) À l'aide d'une cuillère trouée ou d'une écumoire wok, retirer le poulet de la marinade et secouer l'excédent. Abaisser délicatement dans l'huile chaude. Faire frire le poulet par lots pendant 3 à 4 minutes, ou jusqu'à ce que le poulet soit doré et croustillant à la surface. Transférer dans une assiette recouverte de papier absorbant.

d) Versez tout sauf 1 cuillère à soupe d'huile du wok et mettez-le à feu moyen-vif. Agiter l'huile pour enrober le fond du wok. Assaisonner l'huile en ajoutant le gingembre et une pincée de sel et de flocons de piment rouge. Laisser le gingembre et les flocons de piment grésiller dans l'huile pendant environ 30 secondes, en remuant doucement.

e) Ajouter l'ail et faire sauter en remuant et en retournant avec une spatule wok pendant 30 secondes. Incorporer le bouillon de poulet, les 2½ cuillères à café restantes de soja léger et la cuillère à soupe restante de fécule de maïs. Laisser mijoter 4 à 5 minutes, jusqu'à ce que la sauce épaississe et devienne brillante. Ajouter l'huile de sésame et remuer pour combiner.

f) Éteignez le feu et ajoutez le poulet frit en remuant pour bien l'enrober de sauce. Retirez le gingembre et jetez-le. Transférer dans un plat et garnir avec les oignons verts émincés et les graines de sésame.

36. Poulet aigre-doux

Ingrédients:

- 2 cuillères à café de fécule de maïs et 2 cuillères à soupe d'eau
- 3 cuillères à soupe d'huile végétale, divisées
- 4 tranches de gingembre frais pelé
- ¾ livre de cuisses de poulet désossées et sans peau, coupées en bouchées
- ½ poivron rouge, coupé en morceaux de ½ pouce
- ½ poivron vert, coupé en morceaux de ½ pouce
- ½ oignon jaune, coupé en morceaux de ½ pouce
- 1 boîte (8 onces) de morceaux d'ananas, égouttés, jus réservés
- 1 boîte (4 onces) de châtaignes d'eau tranchées, égouttées
- ¼ tasse de bouillon de poulet faible en sodium
- 2 cuillères à soupe de cassonade claire
- 2 cuillères à soupe de vinaigre de cidre de pomme
- 2 cuillères à soupe de ketchup
- 1 cuillère à café de sauce Worcestershire
- 3 oignons verts, tranchés finement, pour la garniture

les directions:

a) Dans un petit bol, mélanger la fécule de maïs et l'eau et réserver.

b) Faire chauffer un wok à feu moyen-élevé jusqu'à ce qu'une goutte d'eau grésille et s'évapore au contact. Versez 2 cuillères à soupe d'huile et remuez pour enrober le fond du wok. Assaisonner l'huile en ajoutant le gingembre et une pincée de sel. Laisser le gingembre grésiller dans l'huile pendant environ 30 secondes, en tourbillonnant doucement.

c) Ajouter le poulet et saisir contre le wok pendant 2 à 3 minutes. Retourner et mélanger le poulet, faire sauter pendant environ 1 minute de plus, ou jusqu'à ce qu'il ne soit plus rose. Transférer dans un bol et réserver.

d) Ajouter la cuillère à soupe d'huile restante et remuer pour bien enrober. Faire sauter les poivrons rouges et verts et l'oignon pendant 3 à 4 minutes, jusqu'à ce qu'ils soient tendres et translucides. Ajouter l'ananas et les châtaignes d'eau et continuer à faire sauter pendant une autre minute. Ajouter les légumes au poulet et réserver.

e) Verser le jus d'ananas réservé, le bouillon de poulet, la cassonade, le vinaigre, le ketchup et la sauce Worcestershire dans le wok et porter à ébullition. Maintenez le feu moyen-élevé et laissez cuire environ 4 minutes, jusqu'à ce que le liquide ait réduit de moitié.

f) Remettre le poulet et les légumes dans le wok et mélanger pour combiner avec la sauce. Remuez rapidement le mélange fécule de maïs-eau et ajoutez-le au wok. Mélanger et retourner le tout jusqu'à ce que la fécule de maïs commence à épaissir la sauce, devenant brillante.

g) Jeter le gingembre, transférer dans un plat, garnir avec les oignons verts et servir chaud.

37.   Moo Goo Gaï Pan

Ingrédients:

- 1 cuillère à soupe de sauce soja légère
- 1 cuillère à soupe de vin de riz Shaoxing
- 2 cuillères à café d'huile de sésame
- ¾ livre de poitrines de poulet désossées et sans peau, tranchées
- ½ tasse de bouillon de poulet faible en sodium
- 2 cuillères à soupe de sauce aux huîtres
- 1 cuillère à café de sucre
- 1 cuillère à soupe de fécule de maïs
- 3 cuillères à soupe d'huile végétale, divisées
- 4 tranches de gingembre frais pelé
- 4 onces de champignons de Paris frais, tranchés finement
- 1 boîte (4 onces) de pousses de bambou tranchées, égouttées
- 1 boîte (4 onces) de châtaignes d'eau tranchées, égouttées
- 1 gousse d'ail, hachée finement

les directions:

a) Dans un grand bol, fouetter ensemble le soja léger, le vin de riz et l'huile de sésame jusqu'à consistance lisse. Ajouter le poulet et remuer pour enrober. Mariner pendant 15 minutes.

b) Dans un petit bol, fouetter ensemble le bouillon de poulet, la sauce aux huîtres, le sucre et la fécule de maïs jusqu'à consistance lisse et réserver.

c) Faire chauffer un wok à feu moyen-élevé jusqu'à ce qu'une goutte d'eau grésille et s'évapore au contact. Versez 2 cuillères à soupe d'huile végétale et agitez pour enrober le fond du wok. Assaisonner l'huile en ajoutant le gingembre et une petite pincée de sel. Laisser le gingembre grésiller dans l'huile pendant environ 30 secondes, en tourbillonnant doucement.

d) Ajouter le poulet et jeter la marinade. Faire sauter 2 à 3 minutes, jusqu'à ce que le poulet ne soit plus rosé. Transférer dans un bol propre et réserver.

e) Ajouter la cuillère à soupe d'huile végétale restante. Faire sauter les champignons pendant 3 à 4 minutes, en remuant et en retournant rapidement. Dès que les champignons deviennent secs, arrêtez de faire sauter et laissez les champignons reposer contre le wok chaud pendant environ une minute.

f) Ajouter les pousses de bambou, les châtaignes d'eau et l'ail. Faire sauter pendant 1 minute, ou jusqu'à ce que l'ail soit parfumé. Remettre le poulet dans le wok et remuer pour combiner.

g) Mélanger la sauce et ajouter au wok. Faire sauter et cuire jusqu'à ce que la sauce commence à bouillir, environ 45 secondes. Continuez à remuer et à retourner jusqu'à ce que la sauce épaississe et devienne brillante. Retirez le gingembre et jetez-le.

38. Oeuf Foo Yong

Ingrédients:

- 5 gros œufs, à température ambiante
- Sel casher
- Poivre blanc moulu
- ½ tasse de chapeaux de champignons shiitake tranchés finement
- ½ tasse de pois surgelés, décongelés
- 2 oignons verts, hachés
- 2 cuillères à café d'huile de sésame
- ½ tasse de bouillon de poulet faible en sodium
- 1½ cuillères à soupe de sauce aux huîtres
- 1 cuillère à soupe de vin de riz Shaoxing
- ½ cuillère à café de sucre
- 2 cuillères à soupe de sauce soja légère
- 1 cuillère à soupe de fécule de maïs
- 3 cuillères à soupe d'huile végétale
- Riz cuit, pour servir

les directions:

a) Dans un grand bol, fouetter les œufs avec une pincée de sel et une pincée de poivre blanc. Incorporer les champignons, les pois, les oignons verts et l'huile de sésame. Mettre de côté.

b) Préparez la sauce en faisant mijoter le bouillon de poulet, la sauce aux huîtres, l'alcool de riz et le sucre dans une petite casserole à feu moyen. Dans une petite tasse à mesurer en verre, fouetter le soja léger et la fécule de maïs jusqu'à ce que la fécule de maïs soit complètement dissoute. Verser le mélange de fécule de maïs dans la sauce en fouettant constamment et cuire 3 à 4 minutes, jusqu'à ce que la sauce devienne assez épaisse pour napper le dos de la cuillère. Couvrir et réserver.

c) Faire chauffer un wok à feu moyen-élevé jusqu'à ce qu'une goutte d'eau grésille et s'évapore au contact. Verser l'huile végétale et remuer pour enrober le fond du wok. Ajouter le mélange d'œufs et cuire en remuant et en secouant le wok jusqu'à ce que le dessous soit doré. Faites glisser l'omelette hors de la poêle sur une assiette et renversez-la sur le wok ou retournez-la avec une spatule pour cuire l'autre côté jusqu'à ce qu'elle soit dorée. Faites glisser l'omelette sur un plat de service et servez sur du riz cuit avec une cuillerée de sauce.

39. Sauté d'œufs à la tomate

Ingrédients:

- 4 gros œufs, à température ambiante
- 1 cuillère à café de vin de riz Shaoxing
- ½ cuillère à café d'huile de sésame
- ½ cuillère à café de sel casher
- Poivre noir fraîchement moulu
- 3 cuillères à soupe d'huile végétale, divisées
- 2 tranches de gingembre frais pelé, chacune d'environ la taille d'un quart
- 1 livre de tomates raisins ou cerises
- 1 cuillère à café de sucre
- Riz ou nouilles cuits, pour servir

les directions:

a) Dans un grand bol, fouetter les œufs. Ajouter le vin de riz, l'huile de sésame, le sel et une pincée de poivre et continuer à fouetter jusqu'à ce qu'ils soient juste combinés.

b) Faire chauffer un wok à feu moyen-élevé jusqu'à ce qu'une goutte d'eau grésille et s'évapore au contact. Versez 2 cuillères à soupe d'huile végétale et agitez pour enrober le fond du wok. Faire tourbillonner le mélange d'œufs dans le wok chaud. Remuer et secouer les œufs pour les faire cuire. Transférer les œufs dans une assiette de service lorsqu'ils sont juste cuits mais pas secs. Tente avec du papier d'aluminium pour garder au chaud.

c) Ajouter la cuillère à soupe d'huile végétale restante dans le wok. Assaisonner l'huile en ajoutant le gingembre et une pincée de sel. Laisser le gingembre grésiller dans l'huile pendant environ 30 secondes, en tourbillonnant doucement.

d) Ajouter les tomates et le sucre en remuant pour bien les enrober d'huile. Couvrir et cuire environ 5 minutes, en remuant de temps en temps, jusqu'à ce que les tomates soient tendres et aient libéré leur jus. Jetez les tranches de gingembre et assaisonnez les tomates avec du sel et du poivre.

e) Déposer les tomates sur les œufs et servir sur du riz cuit ou des nouilles.

40. Crevettes et Oeufs Brouillés

Ingrédients:

- 2 cuillères à soupe de sel casher, plus plus pour l'assaisonnement
- 2 cuillères à soupe de sucre
- 2 tasses d'eau froide
- 6 onces de crevettes moyennes (U41-50), décortiquées et déveinées
- 4 gros œufs, à température ambiante
- ½ cuillère à café d'huile de sésame
- Poivre noir fraîchement moulu
- 2 cuillères à soupe d'huile végétale, divisée
- 2 tranches de gingembre frais pelé, chacune d'environ la taille d'un quart
- 2 gousses d'ail, tranchées finement
- 1 bouquet de ciboulette, coupé en morceaux de ½ pouce

les directions:

a) Dans un grand bol, fouetter le sel et le sucre dans l'eau jusqu'à ce qu'ils se dissolvent. Ajouter les crevettes à la saumure. Couvrir et réfrigérer pendant 10 minutes.

b) Égoutter les crevettes dans une passoire et rincer. Jeter la saumure. Étalez les crevettes sur une plaque à pâtisserie tapissée de papier absorbant et séchez-les.

c) Dans un autre grand bol, fouetter les œufs avec l'huile de sésame et une pincée de sel et de poivre jusqu'à ce qu'ils soient combinés. Mettre de côté.

d) Faire chauffer un wok à feu moyen-élevé jusqu'à ce qu'une goutte d'eau grésille et s'évapore au contact. Versez 1 cuillère à soupe d'huile végétale et agitez pour enrober le fond du wok. Assaisonner l'huile en ajoutant le gingembre et une pincée de sel. Laisser le gingembre grésiller dans l'huile pendant environ 30 secondes, en tourbillonnant doucement.

e) Ajouter l'ail et faire sauter brièvement pour parfumer l'huile, environ 10 secondes. Ne laissez pas l'ail brunir ou brûler. Ajouter les crevettes et faire sauter environ 2 minutes, jusqu'à ce qu'elles deviennent roses. Transférer dans une assiette et jeter le gingembre.

f) Remettez le wok sur le feu et ajoutez la cuillère à soupe d'huile végétale restante. Lorsque l'huile est chaude, versez le mélange d'œufs dans le wok. Remuer et secouer les œufs pour les faire cuire. Ajouter la ciboulette dans la poêle et poursuivre la cuisson jusqu'à ce que les œufs soient cuits mais pas secs. Remettre les crevettes dans la poêle et mélanger pour combiner. Transférer à une assiette de service.

41. Crème aux œufs à la vapeur salée

Ingrédients:

- 4 gros œufs, à température ambiante
- $1\frac{3}{4}$ tasse de bouillon de poulet à faible teneur en sodium ou d'eau filtrée
- 2 cuillères à café de vin de riz Shaoxing
- $\frac{1}{2}$ cuillère à café de sel casher
- 2 oignons verts, partie verte seulement, tranchés finement
- 4 cuillères à café d'huile de sésame

les directions:

a) Dans un grand bol, fouetter les œufs. Ajouter le bouillon et l'alcool de riz et fouetter pour combiner. Filtrer le mélange d'œufs à travers un tamis à mailles fines posé sur une tasse à mesurer liquide pour éliminer les bulles d'air. Verser le mélange d'œufs dans 4 ramequins (6 onces). À l'aide d'un couteau d'office, faire éclater les bulles à la surface du mélange d'œufs. Couvrir les ramequins de papier d'aluminium.

b) Rincez un panier vapeur en bambou et son couvercle sous l'eau froide et placez-le dans le wok. Versez 2 pouces d'eau, ou jusqu'à ce qu'elle dépasse le bord inférieur du cuiseur vapeur de $\frac{1}{4}$ à $\frac{1}{2}$ pouce, mais pas au point de toucher le fond du panier. Placer les ramequins dans le panier vapeur. Couvrir avec le couvercle.

c) Porter l'eau à ébullition, puis réduire le feu à feu doux. Cuire à la vapeur à feu doux pendant environ 10 minutes ou jusqu'à ce que les œufs soient juste pris.

d) Retirez délicatement les ramequins du cuiseur vapeur et garnissez chaque crème anglaise de quelques oignons verts et de quelques gouttes d'huile de sésame. Sers immédiatement.

42. Ailes de poulet frites à emporter chinoises

Ingrédients:

- 10 ailes de poulet entières, lavées et essuyées
- 1/8 cuillère à café de poivre noir
- 1/4 cuillère à café de poivre blanc
- ¼ cuillère à café d'ail en poudre
- 1 cuillère à café de sel
- ½ cuillère à café de sucre
- 1 cuillère à soupe de sauce soja
- 1 cuillère à soupe de vin Shaoxing
- 1 cuillère à café d'huile de sésame
- 1 oeuf
- 1 cuillère à soupe de fécule de maïs
- 2 cuillères à soupe de farine
- huile de friture

les directions:

a) Mélanger tous les ingrédients (sauf l'huile de friture, bien sûr) dans un grand bol à mélanger. Mélangez le tout jusqu'à ce que les ailes soient bien enrobées.
b) Laissez les ailes mariner pendant 2 heures à température ambiante ou au réfrigérateur pendant la nuit pour de meilleurs résultats.
c) Après la marinade, s'il semble qu'il y ait du liquide dans les ailes, assurez-vous de bien les mélanger à nouveau. Les ailes doivent être bien recouvertes d'une fine couche de pâte à frire. S'il a toujours l'air trop liquide, ajoutez un peu plus de fécule de maïs et de farine.

d) Remplissez une casserole moyenne aux 2/3 environ avec de l'huile et chauffez-la à 325 degrés F.
e) Faites frire les ailes en petits lots pendant 5 minutes et retirez-les sur une plaque recouverte de papier absorbant. Une fois toutes les ailes frites, remettez-les par lots dans l'huile et faites-les frire à nouveau pendant 3 minutes.
f) Égouttez sur du papier absorbant ou une grille de refroidissement et servez avec de la sauce piquante!

43. Poulet au basilic thaï

POUR 4 PERSONNES

Ingrédients:

- 3 à 4 cuillères à soupe d'huile
- 3 piments thai bird ou hollandais
- 3 échalotes, tranchées finement
- 5 gousses d'ail, tranchées
- 1 livre de poulet haché
- 2 cuillères à café de sucre ou de miel
- 2 cuillères à soupe de sauce soja
- 1 cuillère à soupe de sauce de poisson
- ⅓ tasse de bouillon de poulet à faible teneur en sodium ou d'eau
- 1 bouquet de basilic sacré ou de feuilles de basilic thaï

les directions:

a) Dans un wok à feu vif, ajouter l'huile, les piments, les échalotes et l'ail, et faire revenir pendant 1-2 minutes.
b) Ajouter le poulet haché et faire sauter pendant 2 minutes, en cassant le poulet en petits morceaux.
c) Ajouter le sucre, la sauce soja et la sauce de poisson. Faire sauter encore une minute et déglacer la poêle avec le bouillon. Parce que votre casserole est à feu vif, le liquide devrait cuire très rapidement.
d) Ajouter le basilic et faire sauter jusqu'à ce qu'il ramollisse.
e) Servir sur du riz.

BOEUF, PORC ET AGNEAU

44. Poitrine de porc braisée

Ingrédients:

- 3/4 lb de poitrine de porc maigre, avec peau
- 2 cuillères à soupe d'huile
- 1 cuillère à soupe de sucre (le sucre candi est préférable si vous en avez)
- 3 cuillères à soupe de vin Shaoxing
- 1 cuillère à soupe de sauce soja ordinaire
- ½ cuillère à soupe de sauce soja noire
- 2 tasses d'eau

les directions:

a) Commencez par couper votre poitrine de porc en morceaux de 3/4 de pouce d'épaisseur.
b) Porter une casserole d'eau à ébullition. Blanchir les morceaux de poitrine de porc pendant quelques minutes. Cela élimine les impuretés et démarre le processus de cuisson. Sortez le porc de la marmite, rincez-le et mettez-le de côté.
c) A feu doux, ajoutez l'huile et le sucre dans votre wok. Faire fondre légèrement le sucre et ajouter le porc. Augmenter le feu à moyen et cuire jusqu'à ce que le porc soit légèrement doré.
d) Baissez le feu à doux et ajoutez le vin de cuisson Shaoxing, la sauce soja ordinaire, la sauce soja noire et l'eau.
e) Couvrir et laisser mijoter environ 45 minutes à 1 heure jusqu'à ce que le porc soit tendre. Toutes les 5 à 10 minutes, remuez pour éviter de brûler et ajoutez plus d'eau si elle devient trop sèche.
f) Une fois que le porc est tendre à la fourchette, s'il y a encore beaucoup de liquide visible, découvrez le wok, augmentez le feu et remuez continuellement jusqu'à ce que la sauce soit réduite en un enrobage brillant.

45. Sauté de tomates et boeuf

Ingrédients:

- Bavette de ¾ livre ou bifteck de jupe, coupé contre le grain en tranches de ¼ de pouce d'épaisseur
- 1½ cuillères à soupe de fécule de maïs, divisée
- 1 cuillère à soupe de vin de riz Shaoxing
- Sel casher
- Poivre blanc moulu
- 1 cuillère à soupe de pâte de tomate
- 2 cuillères à soupe de sauce soja légère
- 1 cuillère à café d'huile de sésame
- 1 cuillère à café de sucre
- 2 cuillères à soupe d'eau
- 2 cuillères à soupe d'huile végétale
- 4 tranches de gingembre frais pelé, chacune de la taille d'un quart
- 1 grosse échalote, tranchée finement
- 2 gousses d'ail, hachées finement
- 5 grosses tomates, chacune coupée en 6 quartiers

- 2 oignons verts, parties blanches et vertes séparées, tranchés finement

les directions:

a) Dans un petit bol, mélanger le bœuf avec 1 cuillère à soupe de fécule de maïs, de vin de riz et une petite pincée de sel et de poivre blanc. Laisser reposer 10 minutes.

b) Dans un autre petit bol, mélanger la ½ cuillère à soupe restante de fécule de maïs, la pâte de tomate, le soja léger, l'huile de sésame, le sucre et l'eau. Mettre de côté.

c) Faire chauffer un wok à feu moyen-élevé jusqu'à ce qu'une goutte d'eau grésille et s'évapore au contact. Verser l'huile végétale et remuer pour enrober le fond du wok. Assaisonner l'huile en ajoutant le gingembre et une pincée de sel. Laisser le gingembre grésiller dans l'huile pendant environ 30 secondes, en tourbillonnant doucement.

d) Transférer le bœuf dans le wok et faire sauter pendant 3 à 4 minutes, jusqu'à ce qu'il ne soit plus rosé. Ajouter l'échalote et l'ail et faire revenir 1 minute. Ajouter les tomates et les blancs d'oignons verts et continuer à faire sauter.

e) Incorporer la sauce et continuer à faire sauter pendant 1 à 2 minutes, ou jusqu'à ce que le bœuf et les tomates soient enrobés et que la sauce ait légèrement épaissi.

f) Jeter le gingembre, transférer dans un plat et garnir avec les oignons verts. Servir chaud.

46. Boeuf et Brocoli

Ingrédients:

- Bifteck de jupe de ¾ livre, coupé dans le sens du grain en tranches de ¼ de pouce d'épaisseur
- 1 cuillère à soupe de bicarbonate de soude
- 1 cuillère à soupe de fécule de maïs
- 4 cuillères à soupe d'eau, divisées
- 2 cuillères à soupe de sauce aux huîtres
- 2 cuillères à soupe de vin de riz Shaoxing
- 2 cuillères à café de sucre roux clair
- 1 cuillère à soupe de sauce hoisin
- 2 cuillères à soupe d'huile végétale
- 4 tranches de gingembre frais pelé, environ la taille d'un quart
- Sel casher
- 1 livre de brocoli, coupé en bouquets de la taille d'une bouchée
- 2 gousses d'ail, hachées finement

les directions:

a) Dans un petit bol, mélanger le bœuf et le bicarbonate de soude pour bien enrober. Laisser reposer 10 minutes. Rincez très bien le boeuf puis essuyez-le avec du papier absorbant.

b) Dans un autre petit bol, mélanger la fécule de maïs avec 2 cuillères à soupe d'eau et mélanger la sauce aux huîtres, le vin de riz, la cassonade et la sauce hoisin. Mettre de côté.

c) Faire chauffer un wok à feu moyen-élevé jusqu'à ce qu'une goutte d'eau grésille et s'évapore au contact. Verser l'huile et remuer pour enrober le fond du wok. Assaisonner l'huile en ajoutant le gingembre et une pincée de sel. Laisser le gingembre grésiller dans l'huile pendant environ 30 secondes, en tourbillonnant doucement. Ajouter le bœuf dans le wok et faire sauter pendant 3 à 4 minutes, jusqu'à ce qu'il ne soit plus rosé. Transférer le bœuf dans un bol et réserver.

d) Ajouter le brocoli et l'ail et faire sauter pendant 1 minute, puis ajouter les 2 cuillères à soupe d'eau restantes. Couvrez le wok et faites cuire le brocoli à la vapeur pendant 6 à 8 minutes, jusqu'à ce qu'il soit à peine tendre.

e) Remettre le bœuf dans le wok et incorporer la sauce pendant 2 à 3 minutes, jusqu'à ce qu'elle soit complètement enrobée et que la sauce ait légèrement épaissi. Jeter le gingembre, transférer dans un plat et servir chaud.

47. Sauté de bœuf au poivre noir

Ingrédients:

- 1 cuillère à soupe de sauce aux huîtres
- 1 cuillère à soupe de vin de riz Shaoxing
- 2 cuillères à café de fécule de maïs
- 2 cuillères à café de sauce soja légère
- Poivre blanc moulu
- ¼ cuillère à café de sucre
- ¾ livre de pointes de filet de bœuf ou de pointes de surlonge, coupées en morceaux de 1 pouce
- 3 cuillères à soupe d'huile végétale
- 3 tranches de gingembre frais pelé, chacune d'environ la taille d'un quart
- Sel casher
- 1 poivron vert, coupé en lanières de ½ pouce de largeur
- 1 petit oignon rouge, tranché finement en lanières
- 1 cuillère à café de poivre noir fraîchement moulu, ou plus au goût
- 2 cuillères à café d'huile de sésame

les directions:

a) Dans un bol à mélanger, mélanger la sauce aux huîtres, le vin de riz, la fécule de maïs, le soja léger, une pincée de poivre blanc et le sucre. Mélanger le boeuf pour enrober et laisser mariner pendant 10 minutes.

b) Faire chauffer un wok à feu moyen-élevé jusqu'à ce qu'une goutte d'eau grésille et s'évapore au contact. Verser l'huile végétale et remuer pour enrober le fond du wok. Ajouter le gingembre et une pincée de sel. Laisser le gingembre grésiller dans l'huile pendant environ 30 secondes, en tourbillonnant doucement.

c) À l'aide de pinces, transférer le boeuf dans le wok et jeter toute marinade restante. Saisir contre le wok pendant 1 à 2 minutes, ou jusqu'à ce qu'une croûte brune se développe. Retourner le boeuf et saisir de l'autre côté, encore 2 minutes de plus. Faire sauter, remuer et retourner dans le wok pendant encore 1 à 2 minutes, puis transférer le boeuf dans un bol propre.

d) Ajouter le poivron et l'oignon et faire sauter pendant 2 à 3 minutes, ou jusqu'à ce que les légumes soient brillants et tendres. Remettre le boeuf dans le wok, ajouter le poivre noir et faire sauter ensemble pendant 1 minute de plus.

e) Jetez le gingembre, transférez-le dans un plat et versez un filet d'huile de sésame sur le dessus. Servir chaud.

48. Bœuf au sésame

Ingrédients:

- 1 cuillère à soupe de sauce soja légère
- 2 cuillères à soupe d'huile de sésame, divisée
- 2 cuillères à café de fécule de maïs, divisées
- Cintre, jupe ou steak de fer plat de 1 livre, coupé en lanières de ¼ de pouce d'épaisseur
- ½ tasse de jus d'orange fraîchement pressé
- ½ cuillère à café de vinaigre de riz
- 1 cuillère à café de sriracha (facultatif)
- 1 cuillère à café de sucre roux clair
- Sel casher
- Poivre noir fraîchement moulu
- 3 cuillères à soupe d'huile végétale, divisées
- 4 tranches de gingembre frais pelé, chacune de la taille d'un quart
- 1 petit oignon jaune, tranché finement
- 3 gousses d'ail, hachées
- ½ cuillère à soupe de graines de sésame blanches, pour la garniture

les directions:

a) Dans un grand bol, mélanger le soja léger, 1 cuillère à soupe d'huile de sésame et 1 cuillère à café de fécule de maïs jusqu'à ce que la fécule de maïs se dissolve. Ajouter le boeuf et mélanger pour bien l'enrober de marinade. Laisser mariner pendant 10 minutes pendant que vous préparez la sauce.

b) Dans une tasse à mesurer en verre, mélanger le jus d'orange, la cuillère à soupe d'huile de sésame restante, le vinaigre de riz, la sriracha (le cas échéant), la cassonade, la cuillère à café de fécule de maïs restante et une pincée de sel et de poivre. Remuer jusqu'à ce que la fécule de maïs soit dissoute et réserver.

c) Faire chauffer un wok à feu moyen-élevé jusqu'à ce qu'une goutte d'eau grésille et s'évapore au contact. Versez 2 cuillères à soupe d'huile végétale et agitez pour enrober le fond du wok. Assaisonner l'huile en ajoutant le gingembre et une pincée de sel. Laisser le gingembre grésiller dans l'huile pendant environ 30 secondes, en tourbillonnant doucement.

d) À l'aide de pinces, transférer le bœuf dans le wok et jeter la marinade. Laissez saisir les morceaux au wok pendant 2 à 3 minutes. Retourner pour saisir de l'autre côté pendant encore 1 à 2 minutes. Faire sauter en remuant et en retournant rapidement dans le wok pendant 1 minute de plus. Transférer dans un bol propre.

e) Ajouter la cuillère à soupe d'huile végétale restante et incorporer l'oignon. Faites sauter rapidement en remuant et en retournant l'oignon avec une spatule wok pendant 2 à 3 minutes, jusqu'à ce que l'oignon soit translucide mais qu'il ait encore une texture ferme. Ajouter l'ail et faire revenir encore 30 secondes.

f) Versez la sauce et poursuivez la cuisson jusqu'à ce que la sauce commence à épaissir. Remettre le bœuf dans le wok, en le remuant et en le retournant pour que le bœuf et l'oignon soient enrobés de sauce. Assaisonner au goût avec du sel et du poivre.

g) Transférer dans un plat, jeter le gingembre, saupoudrer de graines de sésame et servir chaud.

49. Boeuf mongol

Ingrédients:

- 2 cuillères à soupe de vin de riz Shaoxing
- 1 cuillère à soupe de sauce soja noire
- 1 cuillère à soupe de fécule de maïs, divisée
- Bifteck de flanc de ¾ livre, coupé contre le grain en tranches de ¼ de pouce d'épaisseur
- ¼ tasse de bouillon de poulet faible en sodium
- 1 cuillère à soupe de cassonade claire
- 1 tasse d'huile végétale
- 4 ou 5 piments chinois rouges séchés entiers
- 4 gousses d'ail, hachées grossièrement
- 1 cuillère à café de gingembre frais pelé finement haché
- ½ oignon jaune, tranché finement
- 2 cuillères à soupe de coriandre fraîche hachée grossièrement

les directions:

a) Dans un bol à mélanger, mélanger le vin de riz, le soja noir et 1 cuillère à soupe de fécule de maïs. Ajouter le bifteck de flanc tranché et remuer pour bien enrober. Réserver et laisser mariner 10 minutes.

b) Verser l'huile dans un wok et porter à 375°F à feu moyen-vif. Vous pouvez voir que l'huile est à la bonne température lorsque vous trempez le bout d'une cuillère en bois dans l'huile. Si l'huile bouillonne et grésille autour, l'huile est prête.

c) Sortir le bœuf de la marinade en réservant la marinade. Ajouter le boeuf à l'huile et faire frire pendant 2 à 3 minutes, jusqu'à ce qu'il développe une croûte dorée. À l'aide d'une écumoire wok, transférer le bœuf dans un bol propre et réserver. Ajouter le bouillon de poulet et la cassonade dans le bol de marinade et remuer pour combiner.

d) Versez tout sauf 1 cuillère à soupe d'huile du wok et mettez-le à feu moyen-vif. Ajouter les piments, l'ail et le gingembre. Laisser les aromates grésiller dans l'huile pendant environ 10 secondes, en tourbillonnant doucement.

e) Ajouter l'oignon et faire sauter pendant 1 à 2 minutes, ou jusqu'à ce que l'oignon soit tendre et translucide. Ajouter le mélange de bouillon de poulet et mélanger pour combiner. Laisser mijoter environ 2 minutes, puis ajouter le bœuf et mélanger le tout pendant 30 secondes supplémentaires.

f) Transférer dans un plat, garnir de coriandre et servir chaud.

50.   Bœuf du Sichuan au céleri et aux carottes

Ingrédients:

- 2 cuillères à soupe de vin de riz Shaoxing
- 1 cuillère à soupe de sauce soja noire
- 2 cuillères à café d'huile de sésame
- Bavette ou bifteck de ¾ livre, coupé contre le grain
- 1 cuillère à soupe de sauce hoisin
- 2 cuillères à café de sauce soja légère
- 2 cuillères à soupe de fécule de maïs, divisée
- ¼ cuillère à café de cinq épices chinoises en poudre
- 1 cuillère à café de grains de poivre de Sichuan, broyés
- 4 tranches de gingembre frais pelé
- 3 gousses d'ail, légèrement écrasées
- 2 branches de céleri, coupées en julienne en lanières de 3 pouces
- 1 grosse carotte, pelée et coupée en julienne en lanières de 3 pouces
- 2 oignons verts, tranchés finement

les directions:

a) Dans un bol à mélanger, mélanger le vin de riz, le soja noir et l'huile de sésame.

b) Ajouter le boeuf et mélanger pour combiner. Laisser reposer 10 minutes.

c) Dans un petit bol, mélanger la sauce hoisin, le soja léger, l'eau, 1 cuillère à soupe de fécule de maïs et la poudre de cinq épices. Mettre de côté.

d) Faire chauffer un wok à feu moyen-élevé jusqu'à ce qu'une goutte d'eau grésille et s'évapore au contact. Verser l'huile végétale et remuer pour enrober le fond du wok. Assaisonner l'huile en ajoutant les grains de poivre, le gingembre et l'ail. Laisser les aromates grésiller dans l'huile pendant environ 10 secondes, en tourbillonnant doucement.

e) Mélanger le bœuf dans la cuillère à soupe de fécule de maïs restante pour l'enrober et l'ajouter au wok. Saisir le boeuf contre le côté du wok pendant 1 à 2 minutes, ou jusqu'à ce qu'une croûte dorée se développe. Retourner et saisir de l'autre côté pendant encore une minute. Mélanger et retourner pendant environ 2 minutes de plus, jusqu'à ce que le bœuf ne soit plus rosé.

f) Déplacez le bœuf sur les côtés du wok et ajoutez le céleri et la carotte au centre. Faire sauter, remuer et retourner jusqu'à ce que les légumes soient tendres, encore 2 à 3 minutes. Incorporer le mélange de sauce hoisin et verser dans le wok. Continuer à faire sauter en enrobant le bœuf et les légumes avec la sauce pendant 1 à 2 minutes, jusqu'à ce que la sauce commence à épaissir et à devenir brillante. Retirer le gingembre et l'ail et jeter.

51. Coupes de laitue au boeuf hoisin

Ingrédients:

- ¾ livre de boeuf haché
- 2 cuillères à café de fécule de maïs
- Sel casher
- Poivre noir fraichement moulu
- 3 cuillères à soupe d'huile végétale, divisées
- 1 cuillère à soupe de gingembre pelé finement haché
- 2 gousses d'ail, hachées finement
- 1 carotte, pelée et coupée en julienne
- 1 boîte (4 onces) de châtaignes d'eau coupées en dés, égouttées et rincées
- 2 cuillères à soupe de sauce hoisin
- 3 oignons verts, parties blanches et vertes séparées, tranchés finement
- 8 larges feuilles de laitue iceberg (ou Bibb), taillées en coupes rondes et soignées

les directions:

a) Dans un bol, saupoudrer le bœuf de fécule de maïs et d'une pincée de sel et de poivre. Bien mélanger pour combiner.

b) Faire chauffer un wok à feu moyen-élevé jusqu'à ce qu'un filet d'eau grésille et s'évapore au contact. Versez 2 cuillères à soupe d'huile et remuez pour enrober le fond du wok. Ajouter le bœuf et faire dorer des deux côtés, puis remuer et retourner, en brisant le bœuf en miettes et en touffes pendant 3 à 4 minutes, jusqu'à ce que le bœuf ne soit plus rose. Transférer le bœuf dans un bol propre et réserver.

c) Essuyez le wok et remettez-le à feu moyen. Ajouter la cuillère à soupe d'huile restante et faire sauter rapidement le gingembre et l'ail avec une pincée de sel. Dès que l'ail est parfumé, incorporer la carotte et les châtaignes d'eau pendant 2 à 3 minutes, jusqu'à ce que la carotte devienne tendre. Baisser le feu à moyen, remettre le bœuf dans le wok et mélanger avec la sauce hoisin et les blancs d'oignons verts. Mélanger pour combiner, environ 45 secondes supplémentaires.

d) Étaler les feuilles de laitue, 2 par assiette, et répartir uniformément le mélange de boeuf parmi les feuilles de laitue. Garnir avec les feuilles d'oignons verts et manger comme un taco moelleux.

52. Côtelettes de porc frites à l'oignon

Ingrédients:

- 4 côtelettes de longe de porc désossées
- 1 cuillère à soupe de vin Shaoxing
- ½ cuillère à café de poivre noir fraîchement moulu
- Sel casher
- 3 tasses d'huile végétale
- 2 cuillères à soupe de fécule de maïs
- 3 tranches de gingembre frais pelé, chacune d'environ la taille d'un quart
- 1 oignon jaune moyen, tranché finement
- 2 gousses d'ail, hachées finement
- 2 cuillères à soupe de sauce soja légère
- 1 cuillère à café de sauce soja noire
- ½ cuillère à café de vinaigre de vin rouge
- Sucre

les directions:

a) Piler les côtelettes de porc avec un maillet à viande jusqu'à ce qu'elles aient ½ pouce d'épaisseur. Placer dans un bol et assaisonner avec le vin de riz, le poivre et une petite pincée de sel. Mariner pendant 10 minutes.

b) Versez l'huile dans le wok; l'huile doit être d'environ 1 à 1½ pouces de profondeur. Porter l'huile à 375°F à feu moyen-vif. Vous pouvez voir que l'huile est à la bonne température lorsque vous trempez le bout d'une cuillère en bois dans l'huile. Si l'huile bouillonne et grésille autour, l'huile est prête.

c) En travaillant en 2 fois, enrober les côtelettes de fécule de maïs. Plongez-les délicatement un par un dans l'huile et faites-les frire pendant 5 à 6 minutes, jusqu'à ce qu'ils soient dorés. Transférer dans une assiette recouverte de papier absorbant.

d) Versez tout sauf 1 cuillère à soupe d'huile du wok et mettez-le à feu moyen-vif. Assaisonner l'huile en ajoutant le gingembre et une pincée de sel. Laisser le gingembre grésiller dans l'huile pendant environ 30 secondes, en tourbillonnant doucement.

e) Faire sauter l'oignon pendant environ 4 minutes, jusqu'à ce qu'il soit translucide et tendre. Ajouter l'ail et faire sauter pendant encore 30 secondes, ou jusqu'à ce qu'il soit parfumé. Transférer dans l'assiette avec les côtelettes de porc.

f) Dans le wok, versez le soja clair, le soja foncé, le vinaigre de vin rouge et une pincée de sucre et mélangez. Porter à ébullition et remettre l'oignon et les côtelettes de porc dans le wok. Mélanger pour combiner lorsque la sauce commence à épaissir légèrement. Retirez le gingembre et jetez-le. Transférer dans un plat et servir immédiatement.

53. Porc aux cinq épices avec bok choy

Ingrédients:

- 1 cuillère à soupe de sauce soja légère
- 1 cuillère à soupe de vin de riz Shaoxing
- 1 cuillère à café de cinq épices chinoises en poudre
- 1 cuillère à café de fécule de maïs
- ½ cuillère à café de cassonade claire
- ¾ livre de porc haché
- 2 cuillères à soupe d'huile végétale
- 2 gousses d'ail, pelées et légèrement écrasées
- Sel casher
- 2 à 3 têtes de bok choy, coupées transversalement en bouchées
- 1 carotte, pelée et coupée en julienne
- Riz cuit, pour servir

les directions:

a) Dans un bol à mélanger, mélanger le soja léger, le vin de riz, la poudre de cinq épices, la fécule de maïs et la cassonade. Ajouter le porc et mélanger délicatement pour combiner. Laisser mariner pendant 10 minutes.

b) Faire chauffer un wok à feu moyen-élevé jusqu'à ce qu'une goutte d'eau grésille et s'évapore au contact. Verser l'huile et remuer pour enrober le fond du wok. Assaisonner l'huile en ajoutant l'ail et une pincée de sel. Laisser l'ail grésiller dans l'huile pendant environ 10 secondes, en tourbillonnant doucement.

c) Ajouter le porc au wok et le laisser saisir contre les parois du wok pendant 1 à 2 minutes, ou jusqu'à ce qu'une croûte dorée se développe. Retourner et saisir de l'autre côté pendant encore une minute. Mélanger et retourner pour faire sauter le porc pendant 1 à 2 minutes de plus, en le brisant en miettes et en touffes jusqu'à ce qu'il ne soit plus rose.

d) Ajouter le bok choy et la carotte et mélanger et retourner pour combiner avec le porc. Continuez à faire sauter pendant 2 à 3 minutes, jusqu'à ce que la carotte et le bok choy soient tendres. Transférer dans un plat et servir chaud avec du riz vapeur.

54. Sauté de porc hoisin

Ingrédients:

- 2 cuillères à café de vin de riz Shaoxing
- 2 cuillères à café de sauce soja légère
- ½ cuillère à café de pâte de piment
- ¾ livre de longe de porc désossée, tranchée finement en lanières de julienne
- 2 cuillères à soupe d'huile végétale
- 4 tranches de gingembre frais pelé, chacune de la taille d'un quart
- Sel casher
- 4 onces de pois mange-tout, tranchés finement en diagonale
- 2 cuillères à soupe de sauce hoisin
- 1 cuillère à soupe d'eau

les directions:

a) Dans un bol, mélanger le vin de riz, le soja léger et la pâte de piment. Ajouter le porc et remuer pour enrober. Laisser mariner pendant 10 minutes.

b) Faire chauffer un wok à feu moyen-élevé jusqu'à ce qu'une goutte d'eau grésille et s'évapore au contact. Verser l'huile et remuer pour enrober le fond du wok. Assaisonner l'huile en ajoutant le gingembre et une pincée de sel. Laisser le gingembre grésiller dans l'huile pendant environ 30 secondes, en tourbillonnant doucement.

c) Ajouter le porc et la marinade et faire sauter pendant 2 à 3 minutes, jusqu'à ce qu'il ne soit plus rosé. Ajouter les pois mange-tout et faire sauter environ 1 minute, jusqu'à ce qu'ils soient tendres et translucides. Incorporer la sauce hoisin et l'eau pour détendre la sauce. Continuer à remuer et à retourner pendant 30 secondes, ou jusqu'à ce que la sauce soit chaude et que le porc et les pois mange-tout soient enrobés.

d) Transférer dans un plat et servir chaud.

55. Poitrine de porc cuite deux fois

Ingrédients:

- 1 livre de poitrine de porc désossée
- ⅓ tasse de sauce aux haricots noirs ou de sauce aux haricots noirs du commerce
- 1 cuillère à soupe de vin de riz Shaoxing
- 1 cuillère à café de sauce soja noire
- ½ cuillère à café de sucre
- 2 cuillères à soupe d'huile végétale, divisée
- 4 tranches de gingembre frais pelé
- Sel casher
- 1 poireau, coupé en deux dans le sens de la longueur et coupé en diagonale
- ½ poivron rouge, tranché

les directions:

a) Dans une grande casserole, déposer le porc et couvrir d'eau. Porter la casserole à ébullition puis réduire à feu doux. Laisser mijoter à découvert pendant 30 minutes ou jusqu'à ce que le porc soit tendre et bien cuit. À l'aide d'une écumoire, transférer le porc dans un bol (jeter le liquide de cuisson) et laisser refroidir.

b) Réfrigérer plusieurs heures ou toute la nuit. Une fois le porc refroidi, coupez-le en fines tranches de $\frac{1}{4}$ de pouce d'épaisseur et réservez. Laisser le porc refroidir complètement avant de le trancher facilitera le tranchage fin.

c) Dans une tasse à mesurer en verre, mélanger la sauce aux haricots noirs, le vin de riz, le soja noir et le sucre et réserver.

d) Faire chauffer un wok à feu moyen-élevé jusqu'à ce qu'une goutte d'eau grésille et s'évapore au contact. Versez 1 cuillère à soupe d'huile et remuez pour enrober le fond du wok. Assaisonner l'huile en ajoutant le gingembre et une pincée de sel. Laisser le gingembre grésiller dans l'huile pendant environ 30 secondes, en tourbillonnant doucement.

e) En travaillant par lots, transférez la moitié du porc dans le wok. Laissez saisir les morceaux au wok pendant 2 à 3 minutes. Retourner pour saisir de l'autre côté pendant 1 à 2 minutes de plus, jusqu'à ce que le porc commence à s'enrouler. Transférer dans un bol propre. Répéter avec le porc restant.

f) Ajouter la cuillère à soupe d'huile restante. Ajouter le poireau et le poivron rouge et faire sauter pendant 1 minute, jusqu'à ce que le poireau soit tendre. Incorporer la sauce et faire sauter jusqu'à ce qu'elle soit parfumée. Remettre le porc dans la poêle et continuer à faire sauter pendant 2 à 3 minutes de plus, jusqu'à ce que tout soit juste cuit. Jetez les tranches de gingembre et transférez-les dans un plat de service.

56. Porc Mu Shu avec pancakes à la poêle

Ingrédients:

Pour les crêpes

- $1\frac{3}{4}$ tasse de farine tout usage
- $\frac{3}{4}$ tasse d'eau bouillante
- Sel casher
- 3 cuillères à soupe d'huile de sésame

Pour le porc mu shu

- 2 cuillères à soupe de sauce soja légère
- 1 cuillère à café de fécule de maïs
- 1 cuillère à café de vin de riz Shaoxing
- Poivre blanc moulu
- $\frac{3}{4}$ livre de longe de porc désossée, tranchée contre le grain
- 3 cuillères à soupe d'huile végétale
- 2 cuillères à café de gingembre frais pelé finement haché
- 1 grosse carotte, pelée et coupée en fine julienne en longueurs de 3 pouces
- 6 à 8 champignons auriculaires frais, coupés en julienne
- $\frac{1}{2}$ chou vert petite tête, râpé

- 2 oignons verts, coupés en longueurs de ½ pouce
- 1 boîte (4 onces) de pousses de bambou tranchées, égouttées et coupées en julienne
- ¼ tasse de sauce aux prunes, pour servir

les directions:

Pour faire les crêpes

a) Dans un grand saladier, à l'aide d'une cuillère en bois, mélanger la farine, l'eau bouillante et une pincée de sel. Mélangez le tout jusqu'à ce qu'il devienne une pâte shaggy. Transférer la pâte sur une planche à découper farinée et pétrir à la main pendant environ 4 minutes, ou jusqu'à consistance lisse. La pâte sera chaude, alors portez des gants jetables pour protéger vos mains. Remettre la pâte dans le bol et couvrir d'un film plastique. Laisser reposer 30 minutes.

b) Façonnez la pâte en une bûche de 12 pouces de long en la roulant avec vos mains. Couper la bûche en 12 morceaux égaux en gardant la forme ronde pour créer des médaillons. Aplatissez les médaillons avec vos paumes et badigeonnez le dessus d'huile de sésame. Appuyez sur les côtés huilés ensemble, pour créer 6 piles de morceaux de pâte doublés.

c) Rouler chaque pile en une fine feuille ronde de 7 à 8 pouces de diamètre. Il est préférable de continuer à retourner la crêpe pendant que vous roulez, pour obtenir une minceur uniforme des deux côtés.

d) Faites chauffer une poêle en fonte à feu moyen-élevé et faites cuire les crêpes une à la fois pendant environ 1 minute sur le premier côté, jusqu'à ce qu'elles deviennent légèrement translucides et commencent à boursoufler. Retourner pour cuire l'autre côté, encore 30 secondes. Transférer la crêpe dans une assiette tapissée d'un torchon et séparer délicatement les deux crêpes.

Pour faire le porc mu shu

e) Dans un bol, mélanger le soja léger, la fécule de maïs, le vin de riz et une pincée de poivre blanc. Ajouter les tranches de porc et mélanger pour enrober et laisser mariner pendant 10 minutes.

f) Faire chauffer un wok à feu moyen-élevé jusqu'à ce qu'une goutte d'eau grésille et s'évapore au contact. Verser l'huile végétale et remuer pour enrober le fond du wok. Assaisonner l'huile en ajoutant le gingembre et une pincée de sel. Laisser le gingembre grésiller dans l'huile pendant environ 10 secondes, en tourbillonnant doucement.

g) Ajouter le porc et faire sauter 1 à 2 minutes, jusqu'à ce qu'il ne soit plus rosé. Ajouter la carotte et les champignons et continuer à faire sauter pendant 2 minutes de plus, ou jusqu'à ce que la carotte soit tendre. Ajouter le chou, les oignons verts et les pousses de bambou et faire sauter pendant une autre minute ou jusqu'à ce qu'ils soient bien chauds. Transférer dans un bol et servir en versant la garniture de porc au centre d'une crêpe et en nappant de sauce aux prunes.

57. Côtes levées de porc avec sauce aux haricots noirs

Ingrédients:

- Côtes levées de porc de 1 livre, coupées transversalement en lanières de 1½ pouce de large
- ¼ cuillère à café de poivre blanc moulu
- 2 cuillères à soupe de sauce aux haricots noirs ou de sauce aux haricots noirs du commerce
- 1 cuillère à soupe de vin de riz Shaoxing
- 1 cuillère à soupe d'huile végétale
- 2 cuillères à café de fécule de maïs
- Morceau de gingembre frais de ½ pouce, pelé et haché finement
- 2 gousses d'ail, hachées finement
- 1 cuillère à café d'huile de sésame
- 2 oignons verts, tranchés finement

les directions:

a) Trancher entre les côtes pour les séparer en côtelettes de la taille d'une bouchée. Dans un bol peu profond résistant à la chaleur, mélanger les côtes levées et le poivre blanc. Ajouter la sauce aux haricots noirs, le vin de riz, l'huile végétale, la fécule de maïs, le gingembre et l'ail et mélanger pour combiner, en s'assurant que les côtelettes sont toutes enrobées. Mariner pendant 10 minutes.

b) Rincez un panier vapeur en bambou et son couvercle sous l'eau froide et placez-le dans le wok. Versez 2 pouces d'eau, ou jusqu'à ce qu'elle dépasse le bord inférieur du cuiseur vapeur d'environ $\frac{1}{4}$ à $\frac{1}{2}$ pouce, mais pas au point de toucher le fond du panier. Placer le bol avec les côtes levées dans le panier vapeur et couvrir.

c) Augmentez le feu pour faire bouillir l'eau, puis baissez le feu à moyen-vif. Cuire à la vapeur à feu moyen-élevé pendant 20 à 22 minutes, ou jusqu'à ce que les côtelettes ne soient plus roses. Vous devrez peut-être reconstituer l'eau, alors continuez à vérifier pour vous assurer qu'elle ne bout pas à sec dans le wok.

d) Retirez délicatement le bol du panier vapeur. Arroser les côtes avec l'huile de sésame et garnir avec les oignons verts. Sers immédiatement.

58. Agneau de Mongolie sauté

Ingrédients:

- 2 cuillères à soupe de vin de riz Shaoxing
- 1 cuillère à soupe de sauce soja noire
- 3 gousses d'ail, hachées
- 2 cuillères à café de fécule de maïs
- 1 cuillère à café d'huile de sésame
- 1 livre de gigot d'agneau désossé, coupé en tranches de ¼ de pouce d'épaisseur
- 3 cuillères à soupe d'huile végétale, divisées
- 4 tranches de gingembre frais pelé, chacune de la taille d'un quart
- 2 piments rouges séchés entiers (facultatif)
- Sel casher
- 4 oignons verts, coupés en morceaux de 3 pouces de long, puis tranchés finement dans le sens de la longueur

les directions:

a) Dans un grand bol, mélanger le vin de riz, le soja noir, l'ail, la fécule de maïs et l'huile de sésame. Ajouter l'agneau à la marinade et remuer pour bien enrober. Mariner pendant 10 minutes.

b) Faire chauffer un wok à feu moyen-élevé jusqu'à ce qu'une goutte d'eau grésille et s'évapore au contact. Versez 2 cuillères à soupe d'huile végétale et agitez pour enrober le fond du wok. Assaisonner l'huile en ajoutant le gingembre, les piments (le cas échéant) et une pincée de sel. Laisser les aromates grésiller dans l'huile pendant environ 30 secondes, en tourbillonnant doucement.

c) À l'aide de pinces, retirer la moitié de l'agneau de la marinade en secouant légèrement pour laisser l'excédent s'égoutter. Réservez la marinade. Cuire au wok pendant 2 à 3 minutes. Retourner pour saisir de l'autre côté pendant encore 1 à 2 minutes. Faire sauter en remuant et en retournant rapidement dans le wok pendant 1 minute de plus. Transférer dans un bol propre. Ajouter la cuillère à soupe d'huile végétale restante et répéter avec l'agneau restant.

d) Remettre tout l'agneau et la marinade réservée dans le wok et incorporer les oignons verts. Faire sauter pendant encore 1 minute, ou jusqu'à ce que l'agneau soit bien cuit et que la marinade se transforme en une sauce brillante.

e) Transférer dans un plat de service, jeter le gingembre et servir chaud.

59. Agneau au cumin

Ingrédients:

- ¾ livre de gigot d'agneau désossé, coupé en morceaux de 1 pouce
- 1 cuillère à soupe de sauce soja légère
- 1 cuillère à soupe de vin de riz Shaoxing
- Sel casher
- 2 cuillères à soupe de cumin moulu
- 1 cuillère à café de grains de poivre de Sichuan, broyés
- ½ cuillère à café de sucre
- 3 cuillères à soupe d'huile végétale, divisées
- 4 tranches de gingembre frais pelé, chacune de la taille d'un quart
- 2 cuillères à soupe de fécule de maïs
- ½ oignon jaune, tranché sur la longueur en lanières
- 6 à 8 piments chinois séchés entiers (facultatif)
- 4 gousses d'ail, tranchées finement
- ½ botte de coriandre fraîche, hachée grossièrement

les directions:

a) Dans un bol à mélanger, mélanger l'agneau, le soja léger, le vin de riz et une petite pincée de sel. Mélanger pour bien enrober et laisser mariner 15 minutes ou toute la nuit au réfrigérateur.

b) Dans un autre bol, mélanger le cumin, les grains de poivre de Sichuan et le sucre. Mettre de côté.

c) Faire chauffer un wok à feu moyen-élevé jusqu'à ce qu'une goutte d'eau grésille et s'évapore au contact. Versez 2 cuillères à soupe d'huile et remuez pour enrober le fond du wok. Assaisonner l'huile en ajoutant le gingembre et une pincée de sel. Laisser le gingembre grésiller dans l'huile pendant environ 30 secondes, en tourbillonnant doucement.

d) Mélanger les morceaux d'agneau avec la fécule de maïs et ajouter au wok chaud. Saisissez l'agneau pendant 2 à 3 minutes de chaque côté, puis faites sauter pendant 1 ou 2 minutes de plus, en remuant et en retournant autour du wok. Transférer l'agneau dans un bol propre et réserver.

e) Ajouter la cuillère à soupe d'huile restante et remuer pour enrober le wok. Incorporer l'oignon et les piments (le cas échéant) et faire sauter pendant 3 à 4 minutes, ou jusqu'à ce que l'oignon commence à être brillant mais pas mou. Assaisonner légèrement avec une petite pincée de sel. Incorporer le mélange d'ail et d'épices et continuer à faire sauter pendant une autre minute.

f) Remettre l'agneau dans le wok et remuer pour combiner pendant 1 à 2 minutes de plus. Transférer dans un plat, jeter le gingembre et garnir de coriandre.

60. Agneau au gingembre et poireaux

Ingrédients:

- ¾ livre de gigot d'agneau désossé, coupé en 3 morceaux, puis tranché finement dans le sens du grain
- Sel casher
- 2 cuillères à soupe de vin de riz Shaoxing
- 1 cuillère à soupe de sauce soja noire
- 1 cuillère à soupe de sauce soja légère
- 1 cuillère à café de sauce aux huîtres
- 1 cuillère à café de miel
- 1 à 2 cuillères à café d'huile de sésame
- ½ cuillère à café de grains de poivre de Sichuan moulus
- 2 cuillères à café de fécule de maïs
- 2 cuillères à soupe d'huile végétale
- 1 cuillère à soupe de gingembre frais pelé et finement haché
- 2 poireaux, parés et tranchés finement
- 4 gousses d'ail, hachées finement

les directions:

a) Dans un saladier, assaisonnez légèrement l'agneau avec 1 à 2 pincées de sel. Mélanger pour bien enrober et réserver 10 minutes. Dans un petit bol, mélanger l'alcool de riz, le soja noir, le soja clair, la sauce aux huîtres, le miel, l'huile de sésame, le poivre de Sichuan et la fécule de maïs. Mettre de côté.

b) Faire chauffer un wok à feu moyen-élevé jusqu'à ce qu'une goutte d'eau grésille et s'évapore au contact. Verser l'huile végétale et remuer pour enrober le fond du wok. Assaisonner l'huile en ajoutant le gingembre et une pincée de sel. Laisser le gingembre grésiller dans l'huile pendant environ 10 secondes, en tourbillonnant doucement.

c) Ajouter l'agneau et saisir pendant 1 à 2 minutes, puis commencer à faire sauter, en remuant et en retournant pendant 2 minutes de plus, ou jusqu'à ce qu'il ne soit plus rose. Transférer dans un bol propre et réserver.

d) Ajouter les poireaux et l'ail et faire sauter pendant 1 à 2 minutes, ou jusqu'à ce que les poireaux soient vert vif et tendres. Transférer dans le bol d'agneau.

e) Verser le mélange de sauce et laisser mijoter 3 à 4 minutes, jusqu'à ce que la sauce réduise de moitié et devienne brillante. Remettre l'agneau et les légumes dans le wok et mélanger pour combiner avec la sauce.

f) Transférer dans un plat et servir chaud.

61. Bœuf au basilic thaï

Ingrédients:

- 2 cuillères à soupe d'huile
- 12 onces. boeuf, tranché finement contre le grain
- 5 gousses d'ail, hachées
- ½ poivron rouge, tranché finement
- 1 petit oignon, tranché finement
- 2 cuillères à café de sauce soja
- 1 cuillère à café de sauce soja noire
- 1 cuillère à café de sauce aux huîtres
- 1 cuillère à soupe de sauce de poisson
- ½ cuillère à café de sucre
- 1 tasse de feuilles de basilic thaï, emballées
- Coriandre, pour garnir

les directions:

a) Faites chauffer votre wok à feu vif et ajoutez l'huile. Saisir le bœuf jusqu'à ce qu'il soit juste doré. Retirer du wok et réserver.
b) Ajouter l'ail et le poivron rouge dans le wok et faire sauter pendant environ 20 secondes.
c) Ajouter les oignons et faire sauter jusqu'à ce qu'ils soient dorés et légèrement caramélisés.
d) Remettez le bœuf dedans, ainsi que la sauce soja, la sauce soja noire, la sauce aux huîtres, la sauce de poisson et le sucre.
e) Faire sauter encore quelques secondes, puis incorporer le basilic thaï jusqu'à ce qu'il soit juste flétri.
f) Servir avec du riz au jasmin et garnir de coriandre.

62.Porc barbecue chinois

POUR 8 PERSONNES

Ingrédients:

- 3 livres (1,4 kg) d'épaule de porc / de soc de porc (sélectionnez une coupe avec du bon gras dessus)
- ¼ tasse (50g) de sucre
- 2 cuillères à café de sel
- ½ cuillère à café de cinq épices en poudre
- ¼ cuillère à café de poivre blanc
- ½ cuillère à café d'huile de sésame
- 1 cuillère à soupe de vin de Shaoxing ou
- Vin de prune chinois
- 1 cuillère à soupe de sauce soja
- 1 cuillère à soupe de sauce hoisin
- 2 cuillères à café de mélasse
- 3 gousses d'ail finement hachées
- 2 cuillères à soupe de maltose ou de miel
- 1 cuillère à soupe d'eau chaude

les directions:

a) Couper le porc en longues lanières ou en morceaux d'environ 3 pouces d'épaisseur. Ne coupez pas l'excès de graisse, car cela rendrait et ajouterait de la saveur.

b) Mélanger le sucre, le sel, la poudre de cinq épices, le poivre blanc, l'huile de sésame, le vin, la sauce soja, la sauce hoisin, la mélasse, le colorant alimentaire (le cas échéant) et l'ail dans un bol pour faire la marinade.

c) Réservez environ 2 cuillères à soupe de marinade et mettez-la de côté. Frottez le porc avec le reste de la marinade dans un grand bol ou un plat allant au four. Couvrir et réfrigérer toute la nuit, ou au moins 8 heures. Couvrir et conserver également la marinade réservée au réfrigérateur.

d) Préchauffez votre four au réglage le plus élevé (475-550 degrés F ou 250-290 degrés C) avec une grille positionnée dans le tiers supérieur du four. Tapisser une plaque à pâtisserie de papier d'aluminium et placer une grille en métal dessus. Placer le porc sur la grille en laissant le plus d'espace possible entre les morceaux. Versez $1\frac{1}{2}$ tasse d'eau dans la casserole sous la grille. Cela empêche les gouttes de brûler ou de fumer.

e) Transférer le porc dans votre four préchauffé et rôtir pendant 25 minutes. Au bout de 25 minutes, retournez le porc. Si le fond de la casserole est sec, ajouter une autre tasse d'eau. Tournez la poêle à 180 degrés pour assurer une torréfaction uniforme. Rôtir encore 15 minutes.

f) Pendant ce temps, mélanger la marinade réservée avec le maltose ou le miel et 1 cuillère à soupe d'eau chaude. Ce sera la sauce que vous utiliserez pour arroser le porc.

g) Après 40 minutes de temps de rôtissage total, arrosez le porc, retournez-le et arrosez également l'autre côté. Rôtir pendant 10 dernières minutes.
h) Après 50 minutes de cuisson totale, le porc doit être bien cuit et caramélisé sur le dessus. S'il n'est pas caramélisé à votre goût, vous pouvez allumer le gril pendant quelques minutes pour rendre l'extérieur croustillant et ajouter un peu de couleur/saveur.

63. Petits pains de porc cuits à la vapeur au barbecue

DONNE 10 PETITS PAIN

Ingrédients:

Pour la pâte à pain vapeur :

- 1 cuillère à café de levure sèche active
- ¾ tasse d'eau tiède
- 2 tasses de farine tout usage
- 1 tasse de fécule de maïs
- 5 cuillères à soupe de sucre
- ¼ tasse de canola ou d'huile végétale
- 2½ cuillères à café de levure chimique

Pour le remplissage:

- 1 cuillère à soupe d'huile
- ⅓ tasse d'échalotes finement hachées ou d'oignon rouge
- 1 cuillère à soupe de sucre
- 1 cuillère à soupe de sauce soja légère
- 1½ cuillères à soupe de sauce aux huîtres
- 2 cuillères à café d'huile de sésame
- 2 cuillères à café de sauce soja noire
- ½ tasse de bouillon de poulet
- 2 cuillères à soupe de farine tout usage
- 1½ tasse de rôti de porc chinois coupé en dés

les directions:

a) Dans le bol d'un batteur électrique muni d'un crochet pétrisseur (vous pouvez également utiliser un bol mélangeur ordinaire et pétrir à la main), dissoudre 1 cuillère à café de levure sèche active dans 3/4 tasse d'eau tiède. Tamiser ensemble la farine et la fécule de maïs et l'ajouter au mélange de levure avec le sucre et l'huile.

b) Allumez le mélangeur au réglage le plus bas et laissez-le aller jusqu'à ce qu'une boule de pâte lisse se forme. Couvrir d'un torchon humide et laisser reposer 2 heures. (Vous ajouterez la levure chimique plus tard !)

c) Pendant que la pâte repose, préparez la garniture à la viande. Faites chauffer 1 cuillère à soupe d'huile dans un wok à feu moyen-vif. Ajouter les échalotes/oignons et faire revenir 1 minute. Baisser le feu à moyen-doux et ajouter le sucre, la sauce soja légère, la sauce aux huîtres, l'huile de sésame et la sauce soja noire. Remuer et cuire jusqu'à ce que le mélange commence à faire des bulles. Ajouter le bouillon de poulet et la farine, cuire pendant 3 minutes jusqu'à épaississement. Retirer du feu et incorporer le rôti de porc. Laisser refroidir. Si vous préparez la garniture à l'avance, couvrez-la et mettez-la au réfrigérateur pour éviter qu'elle ne sèche.

d) Après que votre pâte ait reposé pendant 2 heures, ajoutez la levure chimique à la pâte et allumez le mélangeur au réglage le plus bas. À ce stade, si la pâte semble sèche ou si vous avez du mal à incorporer la levure chimique, ajoutez 1 à 2 cuillères à café d'eau. Pétrir doucement la pâte jusqu'à ce qu'elle redevienne lisse. Couvrir d'un torchon humide et laisser reposer encore 15 minutes. En attendant, prenez un grand morceau de papier sulfurisé et coupez-le en dix carrés de 4 x 4 pouces. Préparez votre cuiseur vapeur en portant l'eau à ébullition.

e) Nous sommes maintenant prêts à assembler les petits pains : roulez la pâte en un long tube et divisez-la en 10 morceaux égaux. Pressez chaque morceau de pâte en un disque d'environ $4\frac{1}{2}$ pouces de diamètre (il doit être plus épais au centre et plus fin sur les bords). Ajouter un peu de garniture et plisser les petits pains jusqu'à ce qu'ils soient fermés sur le dessus.

f) Déposer chaque pain sur un carré de papier sulfurisé et faire cuire à la vapeur. J'ai fait cuire les petits pains à la vapeur en deux lots distincts à l'aide d'un bambou cuit à la vapeur.

g) Une fois que l'eau bout, placez les petits pains dans le cuiseur vapeur et faites cuire chaque fournée à la vapeur pendant 12 minutes à feu vif.

64. Poitrine de porc rôtie à la cantonaise

POUR 6 À 8 PERSONNES

Ingrédients:

- 3 lb de poitrine de porc avec peau
- 2 cuillères à café de vin Shaoxing
- 2 cuillères à café de sel
- 1 cuillère à café de sucre
- ½ cuillère à café de cinq épices en poudre
- ¼ cuillère à café de poivre blanc
- 1½ cuillères à café de vinaigre de vin de riz
- ½ tasse de gros sel de mer

les directions:

a) Rincez la poitrine de porc et essuyez-la. Placez-le côté peau sur un plateau et frottez le vin de Shaoxing sur la viande (pas sur la peau). Mélanger le sel, le sucre,

b) poudre de cinq épices et poivre blanc. Bien frotter ce mélange d'épices dans la viande ainsi. Retournez la viande pour qu'elle soit côté peau vers le haut.

c) Donc, pour passer à l'étape suivante, il y a en fait un outil spécial que les restaurants utilisent, mais nous avons juste utilisé une brochette en métal pointue. Percez systématiquement des trous sur toute la peau, ce qui aidera la peau à se raffermir, plutôt que de rester lisse et coriace. Plus il y a de trous, mieux c'est. Assurez-vous également qu'ils vont assez profondément. Arrêtez-vous juste au-dessus de la couche de graisse en dessous.

d) Laissez sécher la poitrine de porc au réfrigérateur sans couvrir, pendant 12 à 24 heures.
e) Préchauffez le four à 375 degrés F. Placez un grand morceau de papier d'aluminium (le papier d'aluminium résistant fonctionne mieux) sur une plaque à pâtisserie et pliez bien les côtés autour du porc, de sorte que vous créez une sorte de boîte tout autour. , avec une bordure de 1 pouce de haut sur les côtés.
f) Badigeonner le vinaigre de vin de riz sur la peau de porc. Emballez le sel de mer en une couche uniforme sur la peau, de sorte que le porc soit complètement recouvert. Mettre au four et faire rôtir 1h30. Si votre poitrine de porc a encore la côte attachée, faites-la rôtir pendant 1 heure et 45 minutes.
g) Sortez le porc du four, allumez le gril à feu doux et placez la grille du four dans la position la plus basse. Retirez la couche supérieure de sel de mer de la poitrine de porc, dépliez le papier d'aluminium et placez une grille à rôtir sur la poêle. Placez la poitrine de porc sur la grille et remettez-la sous le gril pour qu'elle soit croustillante. Cela devrait prendre 10 à 15 minutes. Idéalement, le gril doit être réglé sur "faible" pour que ce processus puisse se produire progressivement. Si votre gril devient assez chaud, surveillez-le de près et assurez-vous de garder le porc aussi loin que possible de la source de chaleur.
h) Lorsque la peau a gonflé et devient croustillante, sortez-la du four. Laisser reposer environ 15 minutes. Tranchez et servez !

SOUPES, RIZ ET NOUILLES

65.   Soupe de nouilles au curry et à la noix de coco

Ingrédients:
- 2 cuillères à soupe d'huile
- 3 gousses d'ail, hachées
- 1 cuillère à soupe de gingembre frais, râpé
- 3 cuillères à soupe de pâte de curry rouge thaï
- 8 onces. poitrine ou cuisses de poulet désossées, tranchées
- 4 tasses de bouillon de poulet
- 1 tasse d'eau
- 2 cuillères à soupe de sauce de poisson
- ⅔ tasse de lait de coco
- 6 onces. vermicelles de riz séchés
- 1 citron vert, jus

les directions:
a) Oignon rouge tranché, piments rouges, coriandre, oignons verts pour garnir
b) Dans une grande casserole à feu moyen, ajouter l'huile, l'ail, le gingembre et la pâte de cari rouge thaï. Frire pendant 5 minutes, jusqu'à ce qu'il soit parfumé.
c) Ajouter le poulet et cuire quelques minutes, jusqu'à ce que le poulet devienne opaque.
d) Ajouter le bouillon de poulet, l'eau, la sauce de poisson et le lait de coco. Porter à ébullition.
e) À ce stade, goûtez le bouillon pour le sel et ajustez l'assaisonnement en conséquence.
f) Versez la soupe bouillante sur les nouilles vermicelles séchées dans vos bols de service, ajoutez un filet de jus de citron vert et vos garnitures, et servez. Les nouilles seront prêtes à manger dans quelques minutes.

66.   Soupe de nouilles au bœuf épicé

Ingrédients:
- 16 tasses d'eau froide
- 6 tranches de gingembre
- 3 oignons verts, lavés et coupés en deux
- ¼ tasse de vin Shaoxing
- 3 livres. paleron de bœuf, coupé en morceaux de 1½ pouce
- 3 cuillères à soupe d'huile
- 1 à 2 cuillères à soupe de grains de poivre de Sichuan
- 2 têtes d'ail, pelées
- 1 gros oignon, coupé en morceaux
- Anis 5 étoiles
- 4 feuilles de laurier
- ¼ tasse de pâte de haricots épicée
- 1 grosse tomate, coupée en petits morceaux
- ½ tasse de sauce soja légère
- 1 cuillère à soupe de sucre
- 1 gros morceau de zeste de mandarine séché
- nouilles de blé fraîches ou séchées de votre choix
- Échalote hachée et coriandre, pour garnir

les directions:

a) Faites chauffer l'huile dans une autre marmite ou un grand wok à feu moyen-doux et ajoutez les grains de poivre du Sichuan, les gousses d'ail, l'oignon, l'anis étoilé et les feuilles de laurier. Cuire jusqu'à ce que les gousses d'ail et les morceaux d'oignon commencent à ramollir (environ 5 à 10 minutes). Incorporer la pâte de haricots épicée.

b) Ajoutez ensuite les tomates et laissez cuire deux minutes. Enfin, incorporer la sauce soja légère et le sucre. Éteignez le feu.

c) Maintenant, prélevons le bœuf, le gingembre et les oignons verts du 1er pot et transférons-les dans le 2ème pot. Versez ensuite le bouillon à travers une passoire fine. Placez la casserole sur feu vif et ajoutez le zeste de mandarine. Couvrir et porter la soupe à ébullition. Baisser immédiatement le feu pour laisser mijoter et cuire pendant 60 à 90 minutes.

d) Après avoir mijoté, éteignez le feu, mais gardez le couvercle et laissez la casserole reposer sur la cuisinière (avec le feu éteint) pendant encore une heure complète pour laisser les saveurs se mélanger. Votre fond de soupe est prêt. N'oubliez pas de porter à nouveau le fond de soupe à ébullition avant de servir.

67.Soupe aux oeufs battus

Ingrédients:
- 4 tasses de bouillon de poulet biologique ou de bouillon de poulet maison
- ½ cuillère à café d'huile de sésame
- ½ cuillère à café de sel
- pincée de sucre
- Pincée de poivre blanc
- 5 gouttes de colorant alimentaire jaune
- ¼ tasse de fécule de maïs mélangée à ½ tasse d'eau
- 3 œufs, légèrement battus
- 1 oignon vert, haché

les directions:

a) Porter le bouillon de poulet à ébullition dans une marmite moyenne. Incorporer l'huile de sésame, le sel, le sucre et le poivre blanc.

b) Ajouter ensuite la bouillie de fécule de maïs

c) Laisser mijoter la soupe pendant quelques minutes, puis vérifier si la consistance est à votre goût.

d) Verser la soupe dans un bol, garnir d'oignons verts hachés, arroser d'un filet d'huile de sésame et servir !

68. Soupe wonton simple

Ingrédients:
- 10 oz. mini bok choy ou légume vert similaire
- 1 tasse de porc haché
- 2½ cuillères à soupe d'huile de sésame
- Pincée de poivre blanc
- 1 cuillère à soupe de sauce soja assaisonnée
- ½ cuillère à café de sel
- 1 cuillère à soupe de vin Shaoxing
- 1 paquet de peaux wonton
- 6 tasses de bon bouillon de volaille
- 1 cuillère à soupe d'huile de sésame
- Poivre blanc et sel au goût
- 1 oignon vert, haché

les directions:
a) Commencez par bien laver les légumes. Porter une grande casserole d'eau à ébullition et blanchir les légumes jusqu'à ce qu'ils soient flétris. Égoutter et rincer à l'eau froide. Prenez un bon bloc de légumes et pressez soigneusement autant d'eau que vous le pouvez. Hachez très finement les légumes (vous pouvez également accélérer le processus en les jetant dans le robot culinaire).
b) Dans un bol moyen, ajouter les légumes finement hachés, le porc haché, l'huile de sésame, le poivre blanc, la sauce soja, le sel et le vin de Shaoxing. Mélanger très soigneusement jusqu'à ce que le mélange soit totalement émulsifié, presque comme une pâte.
c) Il est maintenant temps d'assembler ! Remplissez un petit bol d'eau. Prenez un emballage et utilisez votre doigt pour humidifier les bords de l'emballage. Ajouter un peu plus d'une cuillère à café de garniture au milieu. Pliez l'emballage en deux et pressez les deux côtés ensemble pour obtenir un joint ferme.
d) Tenez les deux coins inférieurs du petit rectangle que vous venez de créer et rapprochez les deux coins. Vous pouvez utiliser un peu d'eau pour vous assurer qu'ils collent. Et c'est tout! Continuez à assembler jusqu'à ce que tout le remplissage ait disparu. Déposer les wontons sur une plaque à pâtisserie ou une assiette tapissée de papier sulfurisé pour éviter qu'ils ne collent.
e) À ce stade, vous pouvez recouvrir les wontons d'une pellicule plastique, mettre la plaque à pâtisserie/assiette

dans le congélateur et les transférer dans des sacs Ziploc une fois qu'ils sont congelés. Ils se conserveront quelques mois au congélateur et seront prêts pour la soupe wonton quand vous le souhaitez.

f) Pour faire la soupe, faites chauffer votre bouillon de poulet à ébullition et ajoutez de l'huile de sésame, du poivre blanc et du sel.

g) Porter une autre casserole d'eau à ébullition. Ajouter délicatement les wontons un à la fois dans la casserole. Remuer pour éviter que les wontons ne collent au fond. S'ils collent, ne vous inquiétez pas, ils devraient se détacher une fois cuits. Ils sont cuits lorsqu'ils flottent. Attention à ne pas trop les cuire.

h) Retirer les wontons à l'aide d'une écumoire et les mettre dans des bols. Verser la soupe sur les wontons et garnir d'oignons verts hachés. Servir!

69. soupe aux oeufs battus

Ingrédients:
- 4 tasses de bouillon de poulet faible en sodium
- 2 tranches de gingembre frais pelé
- 2 gousses d'ail, pelées
- 2 cuillères à café de sauce soja légère
- 2 cuillères à soupe de fécule de maïs
- 3 cuillères à soupe d'eau
- 2 gros œufs, légèrement battus
- 1 cuillère à café d'huile de sésame
- 2 oignons verts, tranchés finement, pour la garniture

les directions:

a) Dans un wok ou une marmite, mélanger le bouillon, le gingembre, l'ail et le soja léger et porter à ébullition. Réduire à feu doux et cuire 5 minutes. Retirer et jeter le gingembre et l'ail.

b) Dans un petit bol, mélanger la fécule de maïs et l'eau et incorporer le mélange dans le wok.

c) Réduire le feu à ébullition. Trempez une fourchette dans les œufs battus, puis faites-la glisser dans la soupe en remuant doucement au fur et à mesure. Laisser mijoter la soupe sans être dérangé pendant quelques instants pour faire prendre les œufs. Incorporer l'huile de sésame et verser la soupe dans des bols de service. Garnir avec les oignons verts.

70. Riz au œufs frits

Ingrédients:
- 5 tasses de riz cuit
- 5 gros œufs (divisés)
- 2 cuillères à soupe d'eau
- ¼ cuillère à café de paprika
- ¼ cuillère à café de curcuma
- 3 cuillères à soupe d'huile (divisée)
- 1 oignon moyen, haché finement
- ½ poivron rouge, haché finement
- ½ tasse de pois surgelés, décongelés
- 1½ cuillères à café de sel
- ¼ cuillère à café de sucre
- ¼ cuillère à café de poivre noir
- 2 oignons verts, hachés

les directions:

a) Utilisez une fourchette pour gonfler le riz et le casser. Si vous utilisez du riz fraîchement cuit, laissez-le reposer sur le comptoir à découvert jusqu'à ce qu'il cesse de produire de la vapeur avant de le gonfler.

b) Battre 3 œufs dans un bol. Battre les 2 autres œufs dans un autre bol, avec 2 cuillères à soupe d'eau, le paprika et le curcuma. Mettez ces deux bols de côté.

c) Faites chauffer un wok à feu moyen-vif et ajoutez 2 cuillères à soupe d'huile. Ajouter les 3 oeufs battus (sans les épices), et les brouiller. Retirez-les du wok et réservez.

d) Faites chauffer le wok à feu vif et ajoutez la dernière cuillère à soupe d'huile. Ajouter l'oignon coupé en dés et le poivron. Faire sauter pendant 1-2 minutes. Ensuite, ajoutez le riz et faites sauter pendant 2 minutes, en utilisant un mouvement de cuillère pour chauffer le riz uniformément. Utilisez votre spatule wok pour aplatir et briser les mottes de riz.

e) Ensuite, versez le reste du mélange d'œufs non cuits et d'épices sur le riz et faites sauter pendant environ 1 minute, jusqu'à ce que tous les grains de riz soient enrobés d'œuf.

f) Ajouter les petits pois et faire sauter en continu pendant encore une minute. Étalez ensuite le sel, le sucre et le poivre noir sur le riz et mélangez. Vous devriez maintenant voir de la vapeur s'échapper du riz, ce qui signifie qu'il est chauffé.

71. Riz sauté au porc classique

Ingrédients:

- 1 cuillère à soupe d'eau chaude
- 1 cuillère à café de miel
- 1 cuillère à café d'huile de sésame
- 1 cuillère à café de vin Shaoxing
- 1 cuillère à soupe de sauce soja
- 1 cuillère à café de sauce soja noire
- ¼ cuillère à café de poivre blanc
- 5 tasses de riz blanc cuit
- 1 cuillère à soupe d'huile
- 1 oignon moyen, coupé en dés
- 1 livre de porc BBQ chinois, coupé en morceaux
- 2 œufs, brouillés
- ½ tasse de germes de haricot mungo
- 2 oignons verts, hachés

les directions:
a) Commencez par mélanger l'eau chaude, le miel, l'huile de sésame, le vin Shaoxing, la sauce soja, la sauce soja noire et le poivre blanc dans un petit bol.
b) Prenez votre riz cuit et égrenez-le à la fourchette ou avec les mains.
c) Avec le wok à feu moyen, ajouter une cuillère à soupe d'huile et faire revenir les oignons jusqu'à ce qu'ils soient translucides. Incorporer le rôti de porc. Ajouter le riz et bien mélanger. Ajouter le mélange de sauce et le sel, et mélanger avec un mouvement de cuillère jusqu'à ce que le riz soit uniformément enrobé de sauce.
d) Mélangez vos œufs, les germes de haricot mungo et les oignons verts. Bien mélanger pendant une minute ou deux et servir !

72.   Nouilles ivres

Ingrédients:

Pour le poulet et la marinade :
- 2 cuillères à soupe d'eau
- 12 onces de cuisses de poulet tranchées ou de poitrine de poulet
- 1 cuillère à café de sauce soja
- 1 cuillère à café d'huile
- 2 cuillères à café de fécule de maïs

Pour le reste du plat :
- 8 onces de nouilles de riz séchées larges, cuites
- 1½ cuillères à café de cassonade, dissoute dans 1 cuillère à soupe d'eau chaude
- 2 cuillères à café de sauce soja
- 1 cuillère à café de sauce soja noire
- 1 cuillère à soupe de sauce de poisson
- 2 cuillères à café de sauce aux huîtres
- pincée de poivre blanc moulu
- 3 cuillères à soupe d'huile végétale ou de canola (divisée)
- 3 gousses d'ail, tranchées
- ¼ cuillère à café de gingembre frais râpé
- 2 échalotes, tranchées (environ ⅓ tasses)
- 1 oignon vert, coupé en julienne en morceaux de 3 pouces
- 4 piments rouges thaïlandais, épépinés et coupés en julienne
- 1 tasse de basilic sacré ou de basilic thaï légèrement tassé
- 5 à 6 morceaux de maïs nain, coupés en deux (facultatif)
- 2 cuillères à café de vin Shaoxing

les directions:

a) Travaillez les 2 cuillères à soupe d'eau dans le poulet en tranches avec vos mains jusqu'à ce que le poulet absorbe le liquide. Ajouter la sauce soja, l'huile, la fécule de maïs et mélanger jusqu'à ce que le poulet soit uniformément enrobé. Laisser reposer 20 minutes.

b) Mélanger le mélange de cassonade dissoute, les sauces soja, la sauce de poisson, la sauce aux huîtres et le poivre blanc dans un petit bol et réserver.

c) Faites chauffer votre wok jusqu'à ce qu'il soit presque fumant et étalez 2 cuillères à soupe d'huile sur le pourtour du wok. Ajouter le poulet et le laisser saisir 1 minute de chaque côté jusqu'à ce qu'il soit cuit à environ 90 %. Retirer du wok et réserver. Si la chaleur était suffisamment élevée et que vous avez saisi la viande correctement, votre wok devrait être encore propre et rien n'y coller. Sinon, vous pouvez laver le wok pour éviter que les nouilles de riz ne collent.

d) Continuez avec le wok à feu vif et ajoutez 1 cuillère à soupe d'huile, ainsi que l'ail et le gingembre râpé.

e) Après quelques secondes, ajoutez les échalotes. Faire sauter pendant 20 secondes et ajouter les oignons verts, les piments, le basilic, le maïs miniature et le vin de Shaoxing. Faire sauter encore 20 secondes et ajouter les nouilles de riz. Utilisez un mouvement de ramassage pour mélanger le tout pendant une autre minute jusqu'à ce que les nouilles se réchauffent.

f) Ensuite, ajoutez le mélange de sauce préparé et faites sauter à feu vif pendant environ 1 minute jusqu'à ce que les nouilles soient de couleur uniforme. Prenez soin d'utiliser votre spatule en métal pour racler le fond du wok afin d'éviter qu'il ne colle.

g) Ajouter le poulet saisi et faire sauter encore 1 à 2 minutes. Servir!

73. Nouilles dan dan du Sichuan

Ingrédients:

Pour l'huile de piment :
- 2 cuillères à soupe de grains de poivre de Sichuan
- morceau de cannelle de 1 pouce de long
- Anis 2 étoiles
- 1 tasse d'huile
- ¼ tasse de flocons de piment rouge broyés

Pour la viande et le sui mi ya cai :
- 3 cuillères à café d'huile (divisées)
- 8 onces. porc haché
- 2 cuillères à café de sauce aux haricots sucrés ou de sauce hoisin
- 2 cuillères à café de vin Shaoxing
- 1 cuillère à café de sauce soja noire
- ½ cuillère à café de cinq épices en poudre
- ⅓ tasse sui mi ya cai

Pour la sauce:
- 2 cuillères à soupe de pâte de sésame (tahini)
- 3 cuillères à soupe de sauce soja
- 2 cuillères à café de sucre
- ¼ cuillère à café de cinq épices en poudre
- ½ cuillère à café de poivre de Sichuan en poudre
- ½ tasse de votre huile de piment préparée
- 2 gousses d'ail, hachées très finement
- ¼ tasse d'eau de cuisson chaude des nouilles

Pour les nouilles et les légumes :
- 1 lb de nouilles blanches fraîches ou séchées, d'épaisseur moyenne

- 1 petit bouquet de légumes-feuilles (épinards, bok choy ou choy sum)

Assembler :
- cacahuètes concassées (facultatif)
- échalote hachée

les directions :
a) Pour faire le mélange de viande : Dans un wok, faites chauffer une cuillère à café d'huile à feu moyen et faites dorer le porc haché. Ajouter la sauce aux haricots sucrés, le vin shaoxing, la sauce soja noire et la poudre aux cinq épices. Cuire jusqu'à ce que tout le liquide soit évaporé. Mettre de côté. Faites chauffer les 2 autres cuillères à café d'huile dans le wok à feu moyen et faites revenir les sui mi ya cai (légumes marinés) pendant quelques minutes. Mettre de côté.
b) Préparation de la sauce : Mélanger tous les ingrédients de la sauce. Goûtez et rectifiez l'assaisonnement si vous le souhaitez. Vous pouvez le desserrer avec plus d'eau chaude, ajouter plus de poudre de poivre de Sichuan.
c) Pour préparer les nouilles et les légumes : faites cuire les nouilles selon les instructions sur l'emballage et égouttez-les. Blanchir les verts dans l'eau des nouilles et égoutter.
d) Répartir la sauce dans quatre bols, puis les nouilles et les légumes-feuilles. Ajouter le porc cuit et le sui mi ya cai sur le dessus. Saupoudrer de cacahuètes hachées (facultatif) et d'oignons verts.
e) Mélangez le tout et dégustez !

74. Soupe aigre-piquante

Ingrédients:

- 4 onces de longe de porc désossée, coupée en lanières de $\frac{1}{4}$ de pouce d'épaisseur
- 1 cuillère à soupe de sauce soja noire
- 4 champignons shiitake séchés
- 8 champignons auriculaires séchés
- $1\frac{1}{2}$ cuillères à soupe de fécule de maïs
- $\frac{1}{4}$ tasse de vinaigre de riz non assaisonné
- 2 cuillères à soupe de sauce soja légère
- 2 cuillères à café de sucre
- 1 cuillère à café d'huile de piment frit
- 1 cuillère à café de poivre blanc moulu
- 2 cuillères à soupe d'huile végétale
- 1 tranche de gingembre frais pelé, de la taille d'un quart environ
- Sel casher
- 4 tasses de bouillon de poulet faible en sodium
- 4 onces de tofu ferme, rincé et coupé en lanières de $\frac{1}{4}$ de pouce
- 1 gros oeuf, légèrement battu

- 2 oignons verts, tranchés finement, pour la garniture

les directions:

a) Dans un bol, mélanger le porc et le soja noir pour enrober. Mettre de côté.

b) Placer les deux champignons dans un bol résistant à la chaleur et couvrir d'eau bouillante. Faire tremper les champignons jusqu'à ce qu'ils soient ramollis, environ 20 minutes. Verser ¼ de tasse d'eau de champignons dans une tasse à mesurer en verre et réserver. Égoutter et jeter le reste du liquide. Trancher finement les champignons shiitake et couper les champignons auriculaires en bouchées. Remettre les deux champignons dans le bol de trempage et réserver.

c) Incorporer la fécule de maïs dans le liquide réservé aux champignons jusqu'à ce que la fécule de maïs soit dissoute. Incorporer le vinaigre, le soja léger, le sucre, l'huile de piment et le poivre blanc jusqu'à ce que le sucre soit dissous. Mettre de côté.

d) Faire chauffer un wok à feu moyen-élevé jusqu'à ce qu'une goutte d'eau grésille et s'évapore au contact. Verser l'huile végétale et remuer pour enrober le fond du wok. Assaisonner l'huile en ajoutant le gingembre et une pincée de sel. Laisser le gingembre grésiller dans l'huile pendant environ 30 secondes, en tourbillonnant doucement.

e) Transférer le porc dans le wok et faire sauter environ 3 minutes, jusqu'à ce que le porc ne soit plus rosé. Retirez le gingembre et jetez-le. Ajouter le bouillon et porter à ébullition. Réduire à feu doux et incorporer les champignons. Incorporer le tofu et laisser mijoter 2 minutes. Incorporer le mélange de fécule de maïs et ramener le feu à moyen-vif, en remuant jusqu'à ce que la soupe épaississe, environ 30 secondes. Réduire le feu à ébullition.

f) Trempez une fourchette dans l'œuf battu, puis faites-la glisser dans la soupe en remuant doucement au fur et à mesure.

75. Congee de porc

Ingrédients:
- 10 tasses d'eau
- ¾ tasse de riz au jasmin, rincé et égoutté
- 1 cuillère à café de sel casher
- 2 cuillères à café de gingembre frais pelé haché
- 2 gousses d'ail, hachées
- 1 cuillère à soupe de sauce soja légère, et plus pour servir
- 2 cuillères à café de vin de riz Shaoxing
- 2 cuillères à café de fécule de maïs
- 6 onces de porc haché
- 2 cuillères à soupe d'huile végétale
- Légumes chinois marinés, tranchés finement, pour servir (facultatif)
- Huile d'échalote-gingembre, pour servir (facultatif)
- Huile de piment frit, pour servir (facultatif)
- Huile de sésame, pour servir (facultatif)

les directions:

a) Dans une casserole à fond épais, porter l'eau à ébullition. Incorporer le riz et le sel et réduire le feu pour laisser mijoter. Couvrir et cuire, en remuant de temps en temps, pendant environ 1h30, jusqu'à ce que le riz ait pris une consistance molle semblable à du porridge.

b) Pendant la cuisson du congee, dans un bol moyen, mélanger le gingembre, l'ail, le soja léger, le vin de riz et la fécule de maïs. Ajouter le porc et laisser mariner 15 minutes.

c) Faire chauffer un wok à feu moyen-élevé jusqu'à ce qu'une goutte d'eau grésille et s'évapore au contact. Verser l'huile végétale et remuer pour enrober le fond du wok. Ajouter le porc et faire sauter, en remuant et en brisant la viande, environ 2 minutes.

d) Cuire encore 1 à 2 minutes sans remuer pour obtenir une certaine caramélisation.

e) Servir le congee dans des bols à soupe garnis du porc sauté. Garnir de vos garnitures de choix.

76.   Riz sauté aux crevettes, œuf et échalotes

Ingrédients:
- 2 cuillères à soupe d'huile végétale
- Sel casher
- 1 gros oeuf, battu
- ½ livre de crevettes (de n'importe quelle taille), décortiquées, déveinées et coupées en bouchées
- 1 cuillère à café de gingembre frais pelé finement haché
- 2 gousses d'ail, hachées finement
- ½ tasse de petits pois et de carottes surgelés
- 2 oignons verts, tranchés finement, divisés
- 3 tasses de riz cuit froid
- 3 cuillères à soupe de beurre non salé
- 1 cuillère à soupe de sauce soja légère
- 1 cuillère à soupe d'huile de sésame

les directions:
a) Faire chauffer un wok à feu moyen-élevé jusqu'à ce qu'une goutte d'eau grésille et s'évapore au contact. Verser l'huile végétale et remuer pour enrober le fond du wok. Assaisonner l'huile en ajoutant une petite pincée de sel. Ajouter l'oeuf et brouiller rapidement.

b) Poussez l'œuf sur les côtés du wok pour créer un anneau central et ajoutez les crevettes, le gingembre et l'ail ensemble. Faire sauter les crevettes avec une petite pincée de sel pendant 2 à 3 minutes, jusqu'à ce qu'elles deviennent opaques et roses. Ajouter les pois et les carottes et la moitié des oignons verts et faire sauter pendant une autre minute.

c) Ajouter le riz en cassant les gros morceaux, puis mélanger et retourner pour combiner tous les ingrédients. Faire sauter 1 minute, puis pousser le tout sur les parois du wok en laissant un puits au fond du wok.

d) Ajouter le beurre et le soja léger, laisser le beurre fondre et faire des bulles, puis mélanger le tout pour enrober, environ 30 secondes.

e) Étalez le riz frit en une couche uniforme dans le wok et laissez le riz reposer contre le wok pendant environ 2 minutes pour croustiller légèrement. Arroser d'huile de sésame et assaisonner avec une autre petite pincée de sel.

Transférer dans un plat et servir immédiatement, garnir avec le reste des oignons verts.

77. Riz frit à la truite fumée

Ingrédients:

- 2 gros œufs
- 1 cuillère à café d'huile de sésame
- Sel casher
- Poivre blanc moulu
- 1 cuillère à soupe de sauce soja légère
- ½ cuillère à café de sucre
- 3 cuillères à soupe de ghee ou d'huile végétale, divisées
- 1 cuillère à café de gingembre frais pelé finement haché
- 2 gousses d'ail, hachées finement
- 3 tasses de riz cuit froid
- 4 onces de truite fumée, cassée en bouchées
- ½ tasse de cœurs de laitue romaine tranchés finement
- 2 oignons verts, tranchés finement
- ½ cuillère à café de graines de sésame blanc

les directions:

a) Dans un grand bol, fouetter les œufs avec l'huile de sésame et une pincée de sel et de poivre blanc jusqu'à ce qu'ils soient juste combinés. Dans un petit bol, mélanger le soja léger et le sucre pour dissoudre le sucre. Mettre de côté.

b) Faire chauffer un wok à feu moyen-élevé jusqu'à ce qu'une goutte d'eau grésille et s'évapore au contact. Versez 1 cuillère à soupe de ghee et agitez pour enrober la base du wok. Ajouter le mélange d'œufs et, à l'aide d'une spatule résistante à la chaleur, remuer et secouer les œufs pour les faire cuire. Transférez les œufs dans une assiette lorsqu'ils sont juste cuits mais pas secs.

c) Ajouter les 2 cuillères à soupe de ghee restantes au wok, ainsi que le gingembre et l'ail. Faire sauter rapidement jusqu'à ce que l'ail et le gingembre deviennent juste aromatiques, mais attention à ne pas les laisser brûler. Ajouter le mélange de riz et de soja et remuer pour combiner. Continuer à faire sauter, environ 3 minutes. Ajouter la truite et l'œuf cuit et faire sauter pour les défaire, environ 20 secondes. Ajouter la laitue et les oignons verts et faire sauter jusqu'à ce qu'ils soient tous deux vert vif.

d) Transférer dans un plat de service et saupoudrer de graines de sésame.

78. Spam Fried Rice

Ingrédients:
- 1 cuillère à soupe d'huile végétale
- 2 tranches de gingembre frais pelé
- Sel casher
- 1 boîte (12 onces) de spam, coupée en cubes de ½ pouce
- ½ oignon blanc, coupé en cubes de ¼ de pouce
- 2 gousses d'ail, hachées finement
- ½ tasse de petits pois et de carottes surgelés
- 2 oignons verts, tranchés finement, divisés
- 3 tasses de riz cuit froid
- ½ tasse de morceaux d'ananas en conserve, jus réservé
- 3 cuillères à soupe de beurre non salé
- 2 cuillères à soupe de sauce soja légère
- 1 cuillère à café de sriracha
- 1 cuillère à café de sucre roux clair
- 1 cuillère à soupe d'huile de sésame

les directions:
a) Faire chauffer un wok à feu moyen-élevé jusqu'à ce qu'une goutte d'eau grésille et s'évapore au contact. Verser l'huile végétale et remuer pour enrober le fond du wok.

Assaisonner l'huile en ajoutant le gingembre et une petite pincée de sel. Laisser le gingembre grésiller dans l'huile pendant environ 30 secondes, en tourbillonnant doucement.

b) Ajoutez le Spam coupé en dés et étalez-le uniformément au fond du wok. Laissez le Spam saisir avant de lancer et de retourner. Continuez à faire sauter le Spam pendant 5 à 6 minutes, jusqu'à ce qu'il devienne doré et croustillant sur tous les côtés.

c) Ajouter l'oignon et l'ail et faire sauter pendant environ 2 minutes, jusqu'à ce que l'oignon commence à être translucide. Ajouter les petits pois et les carottes et la moitié des oignons verts. Faire sauter encore une minute.

d) Incorporer le riz et l'ananas, en cassant les grosses touffes de riz, puis mélanger et retourner pour combiner tous les ingrédients. Faire sauter 1 minute, puis pousser le tout sur les parois du wok en laissant un puits au fond du wok.

e) Ajouter le beurre, le jus d'ananas réservé, le soja léger, la sriracha et la cassonade. Remuer pour dissoudre le sucre et porter la sauce à ébullition, puis cuire environ une minute pour réduire la sauce et l'épaissir légèrement. Mélanger le tout pour enrober, environ 30 secondes.

f) Étalez le riz frit en une couche uniforme dans le wok et laissez le riz reposer contre le wok pour croustiller légèrement, environ 2 minutes. Retirez le gingembre et jetez-le. Arroser d'huile de sésame et assaisonner avec une autre petite pincée de sel. Transférer dans un plat et garnir avec les échalotes restantes. Sers immédiatement.

79.   Riz vapeur avec Lap Cheung et Bok Choy

Ingrédients:
- 1½ tasse de riz au jasmin
- 4 liens de lap cheung (saucisse chinoise) ou chorizo espagnol
- 4 têtes de mini bok choy, chacune coupée en 6 quartiers
- ¼ tasse d'huile végétale
- 1 petite échalote, tranchée finement
- Morceau de gingembre frais de 1 pouce, pelé et haché finement
- 1 gousse d'ail, pelée et hachée finement
- 2 cuillères à café de sauce soja légère
- 1 cuillère à soupe de sauce soja noire
- 2 cuillères à café de vin de riz Shaoxing
- 1 cuillère à café d'huile de sésame
- Sucre

les directions:
a) Dans un bol à mélanger, rincez et remuez le riz 3 ou 4 fois sous l'eau froide, en remuant le riz dans l'eau pour rincer les amidons. Couvrir le riz d'eau froide et laisser tremper pendant 2 heures. Égouttez le riz à travers une passoire fine.

b) Rincez deux paniers vapeur en bambou et leurs couvercles sous l'eau froide et placez un panier dans le wok. Versez 2 pouces d'eau, ou suffisamment pour que le niveau d'eau dépasse le bord inférieur du cuiseur vapeur de $\frac{1}{4}$ à $\frac{1}{2}$ pouce, mais pas trop haut pour que l'eau touche le fond du cuiseur vapeur.

c) Tapisser une assiette avec un morceau d'étamine et ajouter la moitié du riz trempé dans l'assiette. Disposer 2 saucisses et la moitié du bok choy sur le dessus, et attacher sans serrer l'étamine afin qu'il y ait suffisamment d'espace autour du riz pour qu'il puisse se dilater. Placer l'assiette dans le panier vapeur. Répétez le processus avec une autre assiette, plus d'étamine et le reste de saucisse et de bok choy dans le deuxième panier vapeur, puis empilez-le sur le premier et couvrez.

d) Baisser le feu à moyen-vif et porter l'eau à ébullition. Faites cuire le riz à la vapeur pendant 20 minutes, en vérifiant souvent le niveau d'eau et en en ajoutant au besoin.

e) Pendant que le riz cuit à la vapeur, dans une petite casserole, chauffer l'huile végétale à feu moyen jusqu'à ce qu'elle commence à fumer. Éteignez le feu et ajoutez l'échalote, le gingembre et l'ail. Mélangez et ajoutez le soja clair, le soja foncé, l'alcool de riz, l'huile de sésame et une pincée de sucre. Laisser refroidir.

f) Lorsque le riz est prêt, dénouez soigneusement l'étamine et transférez le riz et le bok choy dans un plat. Coupez les saucisses en diagonale et disposez-les sur le riz. Servir avec l'huile de soja au gingembre sur le côté.

80. Soupe de nouilles au boeuf

Ingrédients:

- Pointes de surlonge de boeuf de ¾ livre, finement tranchées dans le sens du grain
- 2 cuillères à café de bicarbonate de soude
- 4 cuillères à soupe de vin de riz Shaoxing, divisé
- 4 cuillères à soupe de sauce soja légère, divisée
- 2 cuillères à café de fécule de maïs, divisées
- 1 cuillère à café de sucre
- Poivre noir fraichement moulu
- 3 cuillères à soupe d'huile végétale, divisées
- 2 cuillères à café de cinq épices chinoises en poudre
- 4 tranches de gingembre frais pelé
- 2 gousses d'ail, pelées et écrasées
- 4 tasses de bouillon de bœuf
- ½ livre de nouilles chinoises séchées (tout type)
- 2 têtes de mini bok choy, coupées en quartiers
- 1 cuillère à soupe d'huile d'échalote-gingembre

les directions:
a) Dans un petit bol, mélanger le bœuf avec le bicarbonate de soude et laisser reposer 5 minutes. Rincez le bœuf et essuyez-le avec du papier absorbant.

b) Dans un autre bol, mélanger le bœuf avec l'alcool de riz, le soja léger, la fécule de maïs, le sucre, le sel et le poivre. Mariner.

c) Dans une tasse à mesurer en verre, mélanger les 3 cuillères à soupe restantes de vin de riz, 3 cuillères à soupe de soja léger et 1 cuillère à café de fécule de maïs et réserver.

d) Faire chauffer un wok à feu moyen-élevé jusqu'à ce qu'une goutte d'eau grésille et s'évapore au contact. Versez 2 cuillères à soupe d'huile végétale et agitez pour enrober le fond du wok. Ajouter le bœuf et la poudre de cinq épices et cuire pendant 3 à 4 minutes, en remuant de temps en temps, jusqu'à ce qu'ils soient légèrement dorés. Transférer le bœuf dans un bol propre et réserver.

e) Essuyez le wok et remettez-le à feu moyen. Ajouter la cuillère à soupe d'huile végétale restante et agiter pour enrober la base du wok. Ajouter le gingembre, l'ail et une pincée de sel pour assaisonner l'huile. Laisser le gingembre et l'ail grésiller dans l'huile pendant environ 10 secondes, en remuant doucement.

f) Verser le mélange de sauce soja et porter à ébullition. Versez le bouillon et remettez à bouillir. Réduire à feu doux et remettre le bœuf dans le wok. Laisser mijoter 10 minutes.

g) Pendant ce temps, porter une grande casserole d'eau à ébullition à feu vif. Ajouter les nouilles et cuire selon les instructions du paquet. À l'aide d'une écumoire wok, prélevez les nouilles et égouttez-les. Ajouter le bok choy à l'eau bouillante et cuire 2 à 3 minutes, jusqu'à ce qu'il soit vert vif et tendre. Prélevez le bok choy et placez-le dans un bol. À l'aide de pinces, mélanger les nouilles avec l'huile d'oignon vert et de gingembre pour les enrober. Répartir les nouilles et le bok choy dans des bols à soupe.

81.   Nouilles à l'ail

Ingrédients:
- ½ livre de nouilles aux œufs chinoises fraîches, cuites
- 2 cuillères à soupe d'huile de sésame, divisée
- 2 cuillères à soupe de cassonade claire
- 2 cuillères à soupe de sauce aux huîtres
- 1 cuillère à soupe de sauce soja légère
- ½ cuillères à café de poivre blanc moulu
- 6 cuillères à soupe de beurre non salé
- 8 gousses d'ail, hachées finement
- 6 oignons verts, tranchés finement

les directions:

a) Arroser les nouilles avec 1 cuillère à soupe d'huile de sésame et mélanger pour enrober. Mettre de côté.

b) Dans un petit bol, mélanger la cassonade, la sauce aux huîtres, le soja léger et le poivre blanc. Mettre de côté.

c) Faire chauffer un wok à feu moyen-vif et faire fondre le beurre. Ajouter l'ail et la moitié des oignons verts. Faire sauter pendant 30 secondes.

d) Verser la sauce et remuer pour combiner avec le beurre et l'ail. Porter la sauce à ébullition et ajouter les nouilles. Mélanger les nouilles pour les enrober de sauce jusqu'à ce qu'elles soient bien chaudes.

82. Nouilles de Singapour

Ingrédients:
- ½ livre de vermicelles de riz séchés
- ½ livre de crevettes moyennes, décortiquées et déveinées
- 3 cuillères à soupe d'huile de noix de coco, divisées
- Sel casher
- 1 petit oignon blanc, tranché finement en lanières
- ½ poivron vert, coupé en fines lanières
- ½ poivron rouge, coupé en fines lanières
- 2 gousses d'ail, hachées finement
- 1 tasse de petits pois surgelés, décongelés
- ½ livre de rôti de porc chinois, coupé en fines lanières
- 2 cuillères à café de curry en poudre
- Poivre noir fraîchement moulu
- Jus de 1 citron vert
- 8 à 10 brins de coriandre fraîche

les directions:

a) Porter une grande casserole d'eau à ébullition à feu vif. Éteignez le feu et ajoutez les nouilles. Faire tremper 4 à 5 minutes, jusqu'à ce que les nouilles soient opaques. Égoutter soigneusement les nouilles dans une passoire. Rincer les nouilles à l'eau froide et réserver.

b) Dans un petit bol, assaisonner les crevettes avec la sauce de poisson (le cas échéant) et réserver 5 minutes. Si vous ne souhaitez pas utiliser de sauce de poisson, utilisez plutôt une pincée de sel pour assaisonner les crevettes.

c) Faire chauffer un wok à feu moyen-élevé jusqu'à ce qu'une goutte d'eau grésille et s'évapore au contact. Versez 2 cuillères à soupe d'huile de noix de coco et agitez pour enrober le fond du wok. Assaisonner l'huile en ajoutant une petite pincée de sel. Ajouter les crevettes et faire sauter pendant 3 à 4 minutes, ou jusqu'à ce que les crevettes deviennent roses. Transférer dans un bol propre et réserver.

d) Ajouter la cuillère à soupe d'huile de noix de coco restante et remuer pour enrober le wok. Faire sauter l'oignon, les poivrons et l'ail pendant 3 à 4 minutes, jusqu'à ce que les oignons et les poivrons soient tendres. Ajouter les pois et faire sauter jusqu'à ce qu'ils soient juste chauds, environ une autre minute.

e) Ajouter le porc et remettre les crevettes dans le wok. Mélanger avec la poudre de curry et assaisonner de sel et de poivre. Ajouter les nouilles et mélanger pour combiner.

Les nouilles prendront une couleur jaune dorée brillante au fur et à mesure que vous continuerez à les mélanger doucement avec les autres ingrédients. Continuez à faire sauter et à remuer pendant environ 2 minutes, jusqu'à ce que les nouilles soient bien chaudes.

f) Transférer les nouilles dans un plat, arroser de jus de citron vert et garnir de coriandre. Sers immédiatement.

83. Nouilles de Verre avec Chou Napa

Ingrédients:

- ½ livre de nouilles de patates douces séchées ou de nouilles de haricots mungo
- 2 cuillères à soupe de sauce soja légère
- 2 cuillères à café de sauce soja noire
- 1 cuillère à soupe de sauce aux huîtres
- 1 cuillère à café de sucre
- 2 cuillères à soupe d'huile végétale
- 2 tranches de gingembre frais pelé
- Sel casher
- 1 cuillère à café de grains de poivre de Sichuan
- 1 petit chou nappa, coupé en bouchées
- ½ livre de haricots verts, parés et coupés en deux
- 3 oignons verts, hachés grossièrement

les directions:

a) Dans un grand bol, ramollir les nouilles en les trempant dans de l'eau chaude pendant 10 minutes ou jusqu'à ce qu'elles soient ramollies. Égoutter soigneusement les nouilles dans une passoire. Rincer à l'eau froide et réserver.

b) Dans un petit bol, mélanger le soja clair, le soja foncé, la sauce aux huîtres et le sucre. Mettre de côté.

c) Faire chauffer un wok à feu moyen-élevé jusqu'à ce qu'une goutte d'eau grésille et s'évapore au contact. Verser l'huile et remuer pour enrober le fond du wok. Assaisonner l'huile en ajoutant le gingembre, une petite pincée de sel et les grains de poivre de Sichuan. Laisser le gingembre grésiller dans l'huile pendant environ 30 secondes, en tourbillonnant doucement. Prélevez le gingembre et les grains de poivre et jetez-les.

d) Ajouter le chou napa et les haricots verts au wok et faire sauter, en remuant et en retournant pendant 3 à 4 minutes, jusqu'à ce que les légumes soient flétris. Verser la sauce et mélanger pour combiner.

e) Ajouter les nouilles et mélanger pour combiner avec la sauce et les légumes. Couvrir et baisser le feu à moyen. Cuire de 2 à 3 minutes ou jusqu'à ce que les nouilles deviennent transparentes et que les haricots verts soient tendres.

f) Augmenter le feu à moyen-vif et découvrir le wok. Faire sauter en remuant et en versant pendant encore 1 à 2 minutes, jusqu'à ce que la sauce épaississe légèrement. Transférer dans un plat et garnir avec les oignons verts. Servir chaud.

84. Nouilles Hakka

Ingrédients:

- ¾ livre de nouilles fraîches à base de farine
- 3 cuillères à soupe d'huile de sésame, divisée
- 2 cuillères à soupe de sauce soja légère
- 1 cuillère à soupe de vinaigre de riz
- 2 cuillères à café de sucre roux clair
- 1 cuillère à café de sriracha
- 1 cuillère à café d'huile de piment frit
- Sel casher
- Poivre blanc moulu
- 2 cuillères à soupe d'huile végétale
- 1 cuillère à soupe de gingembre frais pelé finement haché
- ½ tête de chou vert, râpé
- ½ poivron rouge, coupé en fines lanières
- ½ oignon rouge, coupé en fines lanières verticales
- 1 grosse carotte, pelée et coupée en julienne
- 2 gousses d'ail, hachées finement
- 4 oignons verts, tranchés finement

les directions:

a) Porter une casserole d'eau à ébullition et faire cuire les nouilles selon les instructions sur l'emballage. Égouttez, rincez et mélangez avec 2 cuillères à soupe d'huile de sésame. Mettre de côté.

b) Dans un petit bol, mélanger le soja léger, le vinaigre de riz, la cassonade, la sriracha, l'huile de piment et une pincée de sel et de poivre blanc. Mettre de côté.

c) Faire chauffer un wok à feu moyen-élevé jusqu'à ce qu'une goutte d'eau grésille et s'évapore au contact. Verser l'huile végétale et remuer pour enrober le fond du wok. Assaisonner l'huile en ajoutant le gingembre et une petite pincée de sel. Laisser le gingembre grésiller dans l'huile pendant environ 10 secondes, en tourbillonnant doucement.

d) Ajouter le chou, le poivron, l'oignon et la carotte et faire sauter pendant 4 à 5 minutes, ou jusqu'à ce que les légumes soient tendres et que l'oignon commence à caraméliser légèrement. Ajouter l'ail et faire sauter jusqu'à ce qu'il soit parfumé, environ 30 secondes de plus. Incorporer le mélange de sauce et porter à ébullition. Baisser le feu à moyen et laisser mijoter la sauce pendant 1 à 2 minutes. Ajouter les oignons verts et mélanger pour combiner.

e) Ajouter les nouilles et mélanger pour combiner. Augmenter le feu à moyen-élevé et faire sauter pendant 1 à 2 minutes pour réchauffer les nouilles. Transférer dans un plat, arroser avec la cuillère à soupe d'huile de sésame restante et servir chaud.

85. Pad nous voir

Ingrédients:
- 2 cuillères à café de sauce soja noire
- 2 cuillères à café de fécule de maïs
- 2 cuillères à café de sauce de poisson, divisée
- ½ cuillère à café de sel casher
- Poivre blanc moulu
- ¾ livre de bifteck de flanc ou de pointes de surlonge, tranché dans le sens du grain en tranches de ⅛ de pouce d'épaisseur
- 2 cuillères à soupe de sauce aux huîtres
- 1 cuillère à soupe de sauce soja légère
- ½ cuillère à café de sucre
- 1½ livre de nouilles de riz larges fraîches ou de nouilles de riz séchées
- 5 cuillères à soupe d'huile végétale, divisées
- 4 gousses d'ail, tranchées finement
- 1 bouquet de brocoli chinois (gai lan), tiges coupées en diagonale en morceaux de ½ pouce, feuilles coupées en bouchées
- 2 gros œufs, battus

les directions:

a) Dans un bol à mélanger, mélanger le soja noir, la fécule de maïs, la sauce de poisson, le sel et une pincée de poivre blanc. Ajouter les tranches de boeuf et mélanger pour enrober. Laisser mariner pendant 10 minutes.

b) Dans un autre bol, mélanger la sauce aux huîtres, le soja léger, la cuillère à café restante de sauce de poisson et le sucre. Mettre de côté.

c) Faire chauffer un wok à feu moyen-élevé jusqu'à ce qu'une goutte d'eau grésille et s'évapore au contact. Versez 2 cuillères à soupe d'huile et remuez pour enrober le fond du wok. À l'aide de pinces, transférer le bœuf dans le wok et réserver la marinade. Saisir le boeuf contre le wok pendant 2 à 3 minutes, jusqu'à ce qu'il soit brun et qu'une croûte poêlée se développe. Remettre le bœuf dans le bol de marinade et incorporer le mélange de sauce aux huîtres.

d) Ajouter 2 autres cuillères à soupe d'huile et faire sauter l'ail pendant 30 secondes. Ajouter les tiges de brocoli chinois et faire sauter pendant 45 secondes en gardant le tout en mouvement pour éviter que l'ail ne brûle.

e) Poussez les tiges de brocoli sur les côtés du wok, en laissant le fond du wok vide. Ajouter la cuillère à soupe d'huile restante et brouiller les œufs dans le puits, puis les mélanger.

f) Ajouter les nouilles, la sauce et le bœuf, puis mélanger et retourner rapidement pour combiner tous les ingrédients, en faisant sauter pendant 30 secondes de plus. Ajouter les feuilles de brocoli et faire sauter pendant 30 secondes de plus, ou jusqu'à ce que les feuilles commencent à se flétrir. Remettre dans un plat et servir immédiatement.

86. Poulet chow mein

Ingrédients:
- ½ livre de nouilles aux œufs minces fraîches à la Hong Kong
- 1½ cuillères à soupe d'huile de sésame, divisée
- 2 cuillères à café de vin de riz Shaoxing
- 2 cuillères à café de sauce soja légère
- Poivre blanc moulu
- ½ livre de cuisses de poulet, coupées en fines lanières
- ¼ tasse de bouillon de poulet faible en sodium
- 2 cuillères à café de sauce soja noire
- 2 cuillères à café de sauce aux huîtres
- 2 cuillères à café de fécule de maïs
- 4 cuillères à soupe d'huile végétale, divisée
- 3 têtes de mini bok choy, coupées en bouchées
- 2 gousses d'ail, hachées finement
- 1 grosse poignée (2 à 3 onces) de germes de haricot mungo

les directions:

a) Porter une casserole d'eau à ébullition et faire cuire les nouilles selon les instructions sur l'emballage. Réserver 1 tasse d'eau de cuisson et égoutter les nouilles dans une passoire. Rincer les nouilles à l'eau froide et arroser d'1 cuillère à soupe d'huile de sésame. Mélanger pour enrober et réserver.

b) Dans un bol à mélanger, mélanger l'alcool de riz, le soja léger et une pincée de poivre blanc. Mélanger les morceaux de poulet pour les enrober et laisser mariner pendant 10 minutes. Dans un petit bol, mélanger le bouillon de poulet, le soja noir, la $\frac{1}{2}$ cuillère à soupe d'huile de sésame restante, la sauce aux huîtres et la fécule de maïs. Mettre de côté.

c) Faire chauffer un wok à feu moyen-élevé jusqu'à ce qu'une goutte d'eau grésille et s'évapore au contact. Versez 3 cuillères à soupe d'huile végétale et agitez pour enrober le fond du wok. Ajouter les nouilles en une seule couche et faire frire pendant 2 à 3 minutes, ou jusqu'à ce qu'elles soient dorées. Retournez soigneusement les nouilles et faites-les frire de l'autre côté pendant 2 minutes de plus, ou jusqu'à ce que les nouilles soient croustillantes et brunes et se soient formées en un gâteau lâche. Transférer dans une assiette tapissée de papier absorbant et réserver.

d) Ajouter la cuillère à soupe d'huile végétale restante et faire sauter le poulet et la marinade pendant 2 à 3 minutes, jusqu'à ce que le poulet ne soit plus rose et que la marinade se soit évaporée. Ajouter le bok choy et l'ail, faire sauter jusqu'à ce que les tiges de bok choy soient tendres, environ une autre minute.

e) Verser la sauce et mélanger pour combiner avec le poulet et le bok choy.

f) Remettre les nouilles et, en utilisant un mouvement de ramassage et de levage, mélanger les nouilles avec le poulet et les légumes pendant environ 2 minutes, jusqu'à ce qu'elles soient enrobées de sauce. Si les nouilles semblent un peu sèches, ajoutez environ une cuillère à soupe de l'eau de cuisson réservée pendant que vous mélangez. Ajouter les germes de soja et faire sauter, en soulevant et en ramassant pendant 1 minute de plus.

g) Transférer dans un plat et servir chaud.

87.   Boeuf Lo Mein

Ingrédients:

- ½ livre de nouilles aux œufs lo mein fraîches, cuites
- 2 cuillères à soupe d'huile de sésame, divisée
- 2 cuillères à soupe de vin de riz Shaoxing
- 2 cuillères à soupe de fécule de maïs, divisée
- 2 cuillères à soupe de sauce soja noire
- Poivre blanc moulu
- ½ livre de pointes de surlonge de bœuf, tranchées dans le sens du grain en fines lanières
- 3 cuillères à soupe d'huile végétale, divisées
- 2 tranches de gingembre frais pelé, chacune d'environ la taille d'un quart
- Sel casher
- ½ poivron rouge, coupé en fines lanières
- 1 tasse de pois mange-tout, fils enlevés
- 2 gousses d'ail, hachées finement
- 2 tasses de germes de haricot mungo

les directions:

a) Arroser les nouilles avec 1 cuillère à soupe d'huile de sésame et mélanger pour enrober. Mettre de côté.

b) Dans un bol à mélanger, mélanger le vin de riz, 2 cuillères à café de fécule de maïs, le soja noir et une généreuse pincée de poivre blanc. Ajouter le bœuf et remuer pour enrober. Laisser mariner 10 minutes.

c) Faire chauffer un wok à feu moyen-élevé jusqu'à ce qu'une goutte d'eau grésille et s'évapore au contact. Verser l'huile végétale et remuer pour enrober le fond du wok. Assaisonner l'huile en ajoutant le gingembre et une petite pincée de sel. Laisser le gingembre grésiller dans l'huile pendant environ 30 secondes, en tourbillonnant doucement. Ajouter le bœuf en réservant la marinade et saisir contre le wok pendant 2 à 3 minutes. Mélanger et retourner le boeuf, faire sauter pendant 1 minute de plus ou jusqu'à ce qu'il ne soit plus rose. Transférer dans un bol et réserver.

d) Ajouter la cuillère à soupe d'huile végétale restante et faire sauter le poivron en remuant et en retournant pendant 2 à 3 minutes, jusqu'à ce qu'il soit tendre. Ajouter les pois mange-tout et l'ail, faire sauter pendant une autre minute ou jusqu'à ce que l'ail soit parfumé.

e) Poussez tous les ingrédients sur les côtés du wok et versez le reste de l'huile de sésame, la marinade réservée, le reste de la fécule de maïs et l'eau de cuisson. Mélangez et portez à ébullition. Remettre le bœuf dans le wok et remuer pour combiner avec les légumes pendant 1 à 2 minutes.

f) Mélanger les nouilles lo mein avec le bœuf et les légumes jusqu'à ce que les nouilles soient enrobées de sauce. Ajouter les germes de soja et mélanger pour combiner. Retirer et jeter le gingembre. Transférer dans un plat et servir.

88. Nouilles Dan Dan

Ingrédients:
- ¾ livre de nouilles de blé minces
- 4 onces de porc haché
- 4 cuillères à soupe d'huile végétale, divisée
- 2 cuillères à soupe de vin de riz Shaoxing, divisé
- Sel casher
- ¼ tasse de sauce soja légère
- 2 cuillères à soupe de beurre de cacahuète lisse
- 1 cuillère à soupe de vinaigre noir
- 3 gousses d'ail, hachées finement
- 2 cuillères à café de sucre roux clair
- 1 cuillère à café de grains de poivre de Sichuan, grillés et moulus
- 1 pouce de gingembre frais, pelé et haché finement
- 1 cuillère à soupe de haricots noirs fermentés, rincés et hachés
- 2 petites têtes de mini bok choy, hachées grossièrement
- 2 cuillères à soupe d'huile de piment frit
- ½ tasse de cacahuètes grillées à sec finement hachées

les directions:

a) Porter une grande casserole d'eau à ébullition et faire cuire les nouilles selon les instructions sur l'emballage. Égoutter et rincer à l'eau froide et réserver. Remplissez la casserole d'eau fraîche et portez à ébullition sur la cuisinière.

b) Dans un bol, mélanger le porc avec 1 cuillère à soupe d'huile végétale, 1 cuillère à soupe d'alcool de riz et une pincée de sel. Laisser mariner pendant 10 minutes.

c) Dans un petit bol, fouetter ensemble la cuillère à soupe restante de vin de riz, de soja léger, de beurre de cacahuète, de vinaigre noir, d'ail, de cassonade, de grains de poivre de Sichuan, de gingembre et de haricots noirs. Mettre de côté.

d) Faire chauffer un wok à feu moyen-élevé jusqu'à ce qu'une goutte d'eau grésille et s'évapore au contact. Versez 2 cuillères à soupe d'huile végétale et agitez pour enrober le fond du wok. Ajouter le porc et faire sauter pendant 4 à 6 minutes, jusqu'à ce qu'il soit doré et légèrement croustillant. Verser le mélange de sauce et mélanger pour combiner, mijoter pendant 1 minute. Transférer dans un bol propre et réserver.

e) Essuyez le wok et ajoutez la cuillère à soupe d'huile végétale restante. Faire sauter rapidement le bok choy pendant 1 à 2 minutes, jusqu'à ce qu'il soit juste flétri et tendre. Ajouter au bol de porc et mélanger.

f) Pour assembler, plongez les nouilles dans l'eau bouillante pendant 30 secondes pour les réchauffer. Égouttez-les et répartissez-les dans 4 bols profonds.

89. Plaisir de bouffe de boeuf

Ingrédients:

- ¼ tasse de vin de riz Shaoxing
- ¼ tasse de sauce soja légère
- 2 cuillères à soupe de fécule de maïs
- 1½ cuillères à soupe de sauce soja noire
- 1½ cuillères à soupe de sauce soja noire
- ½ cuillère à café de sucre
- ¾ livre de bifteck de flanc ou de pointes de surlonge, coupé en tranches
- 1½ livre de nouilles de riz larges fraîches, cuites
- 2 cuillères à soupe d'huile de sésame, divisée
- 3 cuillères à soupe d'huile végétale, divisées
- 4 tranches de gingembre frais pelé
- 8 oignons verts, coupés en deux sur la longueur et coupés en morceaux de 3 pouces
- 2 tasses de germes de haricot mungo frais

les directions:

a) Dans un bol à mélanger, mélanger le vin de riz, le soja clair, la fécule de maïs, le soja noir, le sucre et une pincée de poivre blanc. Ajouter le bœuf et remuer pour enrober. Laisser mariner au moins 10 minutes.

b) Faire chauffer un wok à feu moyen-élevé jusqu'à ce qu'une goutte d'eau grésille et s'évapore au contact. Versez 2 cuillères à soupe d'huile végétale et agitez pour enrober le fond du wok. Assaisonner l'huile en ajoutant le gingembre et une pincée de sel. Laisser le gingembre grésiller dans l'huile pendant environ 30 secondes, en tourbillonnant doucement.

c) À l'aide de pinces, ajouter le bœuf dans le wok et réserver le liquide de marinade. Saisir le boeuf contre le wok pendant 2 à 3 minutes, ou jusqu'à ce qu'une croûte dorée se développe. Mélanger et retourner le bœuf autour du wok pendant 1 minute de plus. Transférer dans un bol propre et réserver.

d) Ajouter 1 cuillère à soupe d'huile végétale et faire sauter les oignons verts pendant 30 secondes ou jusqu'à ce qu'ils soient tendres. Ajoutez les nouilles et soulevez-les dans un mouvement ascendant pour aider à séparer les nouilles si elles sont collées ensemble. Ajouter l'eau de cuisson, 1 cuillère à soupe à la fois, si les nouilles se sont bien collées.

e) Remettre le bœuf dans le wok et mélanger pour combiner avec les nouilles. Verser la marinade réservée et remuer pendant 30 secondes à 1 minute, ou jusqu'à ce que la sauce épaississe et enrobe les nouilles et qu'elles prennent une couleur brune riche et profonde. Si nécessaire, ajoutez 1 cuillère à soupe de l'eau de cuisson réservée pour diluer la sauce. Ajouter les germes de soja et remuer jusqu'à ce qu'ils soient juste chauds, environ 1 minute. Retirez le gingembre et jetez-le.

f) Transférer dans un plat et arroser avec la cuillère à soupe d'huile de sésame restante. Servir chaud.

SAUCES, COLLATIONS ET SUCRES

90. Sauce aux haricots noirs

Ingrédients

- ½ tasse de haricots noirs fermentés, trempés
- 1 tasse d'huile végétale, divisée
- 1 grosse échalote finement hachée
- 3 cuillères à soupe de gingembre frais pelé et haché
- 4 oignons verts, tranchés finement
- 6 gousses d'ail, hachées finement
- ½ tasse de vin de riz Shaoxing

les directions:

a) Faire chauffer un wok à feu moyen-vif. Versez ¼ de tasse d'huile et remuez pour enrober la poêle. Ajouter l'échalote, le gingembre, les oignons verts et l'ail et faire sauter pendant 1 minute ou jusqu'à ce que le mélange ait ramolli.

b) Ajouter les haricots noirs et l'alcool de riz. Baisser le feu à moyen et cuire 3 à 4 minutes, jusqu'à ce que le mélange ait réduit de moitié.

c) Transférer le mélange dans un récipient hermétique et laisser refroidir à température ambiante. Verser le ¾ de tasse d'huile restante sur le dessus et couvrir hermétiquement. Conserver au réfrigérateur jusqu'à utilisation.

d) Cette sauce aux haricots frais se conservera au réfrigérateur dans un récipient hermétique jusqu'à un mois. Si vous souhaitez le conserver plus longtemps, congelez-le en plus petites portions.

91. Huile d'échalote-gingembre

Ingrédients

- 1½ tasse d'oignons verts tranchés finement
- 1 cuillère à soupe de gingembre frais pelé et finement haché
- 1 cuillère à café de sel casher
- 1 tasse d'huile végétale

les directions:

a) Dans un bol en verre résistant à la chaleur ou en acier inoxydable, mélanger les oignons verts, le gingembre et le sel. Mettre de côté.

b) Verser l'huile dans un wok et chauffer à feu moyen-élevé, jusqu'à ce qu'un morceau d'oignon vert grésille immédiatement lorsqu'il tombe dans l'huile. Une fois l'huile chaude, retirez le wok du feu et versez délicatement l'huile chaude sur les oignons verts et le gingembre. Le mélange doit grésiller au fur et à mesure que vous versez et faire des bulles. Versez l'huile lentement pour qu'elle ne bouillonne pas.

c) Laisser le mélange refroidir complètement, environ 20 minutes. Remuer, transférer dans un bocal hermétique et réfrigérer jusqu'à 2 semaines.

92.   Sauce XO

Ingrédients

- 2 tasses de gros pétoncles séchés
- 20 piments rouges séchés, tiges enlevées
- 2 piments rouges frais, hachés grossièrement
- 2 échalotes, hachées grossièrement
- 2 gousses d'ail, hachées grossièrement
- ½ tasse de petites crevettes séchées
- 3 tranches de bacon, hachées
- ½ tasse d'huile végétale
- 1 cuillère à soupe de cassonade foncée
- 2 cuillères à café de cinq épices chinoises en poudre
- 2 cuillères à soupe de vin de riz Shaoxing

les directions:
a) Dans un grand bol en verre, placer les pétoncles et couvrir d'un pouce d'eau bouillante. Faire tremper pendant 10 minutes ou jusqu'à ce que les pétoncles soient tendres. Égoutter tout sauf 2 cuillères à soupe d'eau et couvrir d'une pellicule plastique. Micro-ondes pendant 3 minutes. Laisser refroidir légèrement. À l'aide de vos doigts, cassez les pétoncles en petits lambeaux, en les frottant ensemble pour détacher les pétoncles. Transférer dans un robot culinaire et battre 10 à 15 fois, ou jusqu'à ce que les pétoncles soient finement râpés. Transférer dans un bol et réserver.

b) Dans le robot culinaire, mélanger les piments séchés, les piments frais, les échalotes et l'ail. Pulser plusieurs fois jusqu'à ce que le mélange forme une pâte et semble finement haché. Vous devrez peut-être gratter les côtés au fur et à mesure pour que tout reste de taille uniforme. Transférer le mélange dans le bol de pétoncles et réserver.

c) Ajouter les crevettes et le bacon au robot culinaire et mélanger quelques fois pour hacher finement.

d) Faire chauffer un wok à feu moyen-vif. Versez l'huile et remuez pour enrober la poêle. Ajouter les crevettes et le bacon et cuire 1 à 2 minutes, jusqu'à ce que le bacon brunisse et devienne très croustillant. Ajouter la cassonade et la poudre de cinq épices et cuire 1 minute de plus, jusqu'à ce que la cassonade caramélise.

e) Ajouter les pétoncles et le mélange piment-ail et cuire encore 1 à 2 minutes, ou jusqu'à ce que l'ail commence à caraméliser. Versez délicatement le vin de riz sur les parois du wok et faites cuire 2 à 3 minutes de plus, jusqu'à évaporation. Soyez prudent - à ce stade, l'huile peut éclabousser du vin.

f) Transférer la sauce dans un bol et laisser refroidir. Une fois refroidie, séparez la sauce dans des pots plus petits et couvrez. La sauce XO se conserve jusqu'à 1 mois au réfrigérateur.

93. Huile de piment frit

Ingrédients

- ¼ tasse de flocons de piment du Sichuan
- 2 cuillères à soupe de graines de sésame blanc
- 1 gousse d'anis étoilé
- 1 bâton de cannelle
- 1 cuillère à café de sel casher
- 1 tasse d'huile végétale

les directions:

a) Dans un bol en verre résistant à la chaleur ou en acier inoxydable, mélanger les flocons de piment, les graines de sésame, l'anis, le bâton de cannelle et le sel et remuer. Mettre de côté.

b) Verser l'huile dans un wok et chauffer à feu moyen-élevé, jusqu'à ce que le bâton de cannelle grésille immédiatement lorsqu'il est trempé dans l'huile. Une fois l'huile chaude, retirez le wok du feu et versez délicatement l'huile chaude sur les épices. Le mélange doit grésiller au fur et à mesure que vous versez et faire des bulles. Versez l'huile lentement pour qu'elle ne bouillonne pas.

c) Laisser le mélange refroidir complètement, environ 20 minutes. Remuer, transférer dans un bocal hermétique et réfrigérer jusqu'à 4 semaines.

94. Sauce aux prunes

Ingrédients

- 4 tasses de prunes hachées grossièrement (environ 1½ livre)
- ½ petit oignon jaune, haché
- tranche de gingembre frais de ½ pouce, pelée
- 1 gousse d'ail, pelée et écrasée
- ½ tasse d'eau
- ⅓ tasse de cassonade claire
- ¼ tasse de vinaigre de cidre de pomme
- ½ cuillère à café de cinq épices chinoises en poudre
- Sel casher

les directions:
a) Dans un wok, porter à ébullition les prunes, l'oignon, le gingembre, l'ail et l'eau à feu moyen-vif. Couvrir, réduire le feu à moyen et laisser mijoter, en remuant de temps en temps, jusqu'à ce que les prunes et l'oignon soient tendres, environ 20 minutes.

b) Transférer le mélange dans un mélangeur ou un robot culinaire et mélanger jusqu'à consistance lisse. Remettre dans le wok et incorporer le sucre, le vinaigre, la poudre de cinq épices et une pincée de sel.

c) Ramenez le feu à moyen-vif et portez à ébullition en remuant fréquemment. Réduire le feu à doux et laisser mijoter jusqu'à ce que le mélange atteigne la consistance d'une compote de pommes, environ 30 minutes.

95.   Maïs soufflé aux épices Hakka

Ingrédients

- Mélange d'épices
- 2 cuillères à soupe d'huile végétale
- $\frac{1}{2}$ tasse de grains de maïs soufflé
- Sel casher

les directions:

a) Dans une petite sauteuse ou une poêle, mélangez vos épices; graines d'anis étoilé, graines de cardamome, clous de girofle, grains de poivre, graines de coriandre et graines de fenouil. Faire griller les épices 5 à 6 minutes.

b) Retirer la casserole du feu et transférer les épices dans un mortier et un pilon ou un moulin à épices. Broyer les épices en poudre fine et transférer dans un petit bol.

c) Ajouter la cannelle moulue, le gingembre, le curcuma et le poivre de Cayenne et remuer pour combiner. Mettre de côté.

d) Faites chauffer un wok à feu moyen-vif jusqu'à ce qu'il commence à fumer. Versez l'huile végétale et le ghee et agitez pour enrober le wok. Ajouter 2 grains de maïs soufflé dans le wok et couvrir. Une fois qu'ils éclatent, ajoutez le reste des grains et couvrez. Agiter constamment jusqu'à ce que le popping s'arrête.

e) Transférer le pop-corn dans un grand sac en papier. Ajouter 2 généreuses pincées de sel kasher et $1\frac{1}{2}$ cuillères à soupe du mélange d'épices. Pliez le sac fermé et secouez !

96. Oeufs trempés dans le thé

Ingrédients

- 2 tasses d'eau
- $\frac{3}{4}$ tasse de sauce soja noire
- 6 tranches de gingembre frais pelé, chacune d'environ la taille d'un quart
- 2 anis étoilés entiers
- 2 bâtons de cannelle
- 6 clous de girofle entiers
- 1 cuillère à café de graines de fenouil
- 1 cuillère à café de poivre de Sichuan ou de poivre noir
- 1 cuillère à café de sucre
- 5 sachets de thé noir décaféiné
- 8 gros œufs, à température ambiante

les directions:

a) Dans une casserole, porter l'eau à ébullition. Ajouter le soja noir, le gingembre, l'anis, les bâtons de cannelle, les clous de girofle, les graines de fenouil, les grains de poivre et le sucre. Couvrez la casserole et réduisez le feu à ébullition; cuire pendant 20 minutes. Éteignez le feu et ajoutez les sachets de thé. Faire infuser le thé pendant 10 minutes. Filtrer le thé à travers un tamis à mailles fines dans une grande tasse à mesurer résistante à la chaleur et laisser refroidir pendant que vous faites cuire les œufs.

b) Remplir un grand bol de glace et d'eau pour créer un bain de glace pour les œufs et réserver. Dans un wok, porter à ébullition suffisamment d'eau pour couvrir les œufs d'environ un pouce. Plongez délicatement les œufs dans l'eau, réduisez le feu pour laisser mijoter et laissez cuire 9 minutes. Retirez les œufs avec une écumoire et transférez-les dans le bain de glace jusqu'à ce qu'ils refroidissent.

c) Retirez les œufs du bain de glace. Tapotez les œufs avec le dos d'une cuillère pour casser les coquilles afin que la marinade puisse s'infiltrer entre les fissures, mais assez doucement pour laisser les coquilles. Les coquilles devraient finir par ressembler à une mosaïque. Placez les œufs dans un grand bocal (au moins 32 onces) et couvrez-les avec la marinade. Conservez-les au réfrigérateur pendant au moins 24 heures ou jusqu'à une semaine. Retirer les œufs de la marinade au moment de servir.

97. Petits pains aux oignons verts cuits à la vapeur

Ingrédients

- ¾ tasse de lait entier, à température ambiante
- 1 cuillère à soupe de sucre
- 1 cuillère à café de levure sèche active
- 2 tasses de farine tout usage
- 1 cuillère à café de levure chimique
- ¾ cuillère à café de sel kasher, divisé
- 2 cuillères à soupe d'huile de sésame, divisée
- 2 cuillères à café de cinq épices chinoises en poudre, divisées
- 6 oignons verts, tranchés finement

les directions:
a) Mélangez le lait, le sucre et la levure. Laisser reposer 5 minutes pour activer la levure.

b) Dans un grand bol à mélanger, mélanger la farine, la poudre à pâte et le sel pour combiner. Verser le mélange de lait. Mélanger jusqu'à ce qu'une pâte molle et élastique se forme, ou 6 à 8 minutes à la main. Placer dans un bol et couvrir d'un torchon pour laisser reposer 10 minutes.

c) Avec un rouleau à pâtisserie, abaisser un morceau en un rectangle de 15 par 18 pouces. Badigeonner 1 cuillère à soupe d'huile de sésame sur la pâte. Assaisonner de cinq épices en poudre et de sel. Saupoudrer de la moitié des oignons verts et presser délicatement dans la pâte.

d) Roulez la pâte en partant du bord le plus long comme vous le feriez pour un roulé à la cannelle. Couper la bûche roulée en 8 morceaux égaux. Pour façonner le chignon, prenez 2 morceaux et empilez-les l'un sur l'autre sur leurs côtés, de sorte que les côtés coupés soient tournés vers l'extérieur.

e) Utilisez une baguette pour appuyer au centre de la pile ; cela repoussera légèrement la garniture. Retirez la baguette. À l'aide de vos doigts, tirez légèrement les deux extrémités de la pâte pour l'étirer, puis enroulez les extrémités sous le milieu, en pinçant les extrémités ensemble.

f) Placez le pain sur un carré de papier sulfurisé de 3 pouces et placez-le dans un panier à vapeur pour le faire lever.

Répétez le processus de mise en forme avec la pâte restante, en vous assurant qu'il y a au moins 2 pouces d'espace entre les petits pains. Vous pouvez utiliser un deuxième panier vapeur si vous avez besoin de plus d'espace. Vous devriez avoir 8 petits pains torsadés. Couvrir les paniers d'une pellicule plastique et laisser lever pendant 1 heure, ou jusqu'à ce qu'ils aient doublé de volume.

g) Versez environ 2 pouces d'eau dans le wok et placez les paniers vapeur dans le wok. Le niveau d'eau doit dépasser le bord inférieur du cuiseur vapeur de $\frac{1}{4}$ à $\frac{1}{2}$ pouce, mais pas au point de toucher le fond du panier. Couvrez les paniers avec le couvercle du panier vapeur et portez l'eau à ébullition à feu moyen-vif.

h) Réduire le feu à moyen et cuire à la vapeur pendant 15 minutes, en ajoutant plus d'eau dans le wok si nécessaire. Éteignez le feu et gardez les paniers couverts pendant 5 minutes de plus. Transférer les pains dans un plat et servir.

98. Gâteau éponge aux amandes cuit à la vapeur

Ingrédients

- Aérosol de cuisson antiadhésif
- 1 tasse de farine à gâteau, tamisée
- 1 cuillère à café de levure chimique
- ¼ cuillère à café de sel casher
- 5 gros œufs, séparés
- ¾ tasse de sucre, divisé
- 1 cuillère à café d'extrait d'amande
- ½ cuillère à café de crème de tartre

les directions:
a) Tapisser un moule à gâteau de 8 pouces de papier parchemin. Vaporiser légèrement le parchemin avec un aérosol de cuisson antiadhésif et réserver.

b) Dans un bol, tamisez ensemble la farine à gâteau, la levure chimique et le sel.

c) Dans un batteur sur socle ou un batteur à main à puissance moyenne, battre les jaunes d'œufs avec $\frac{1}{2}$ tasse de sucre et l'extrait d'amande pendant environ 3 minutes, jusqu'à ce qu'ils soient pâles et épais. Ajouter le mélange de farine et mélanger jusqu'à ce qu'il soit juste combiné. Mettre de côté.

d) Nettoyez le fouet et dans un autre bol propre, fouettez les blancs d'œufs avec la crème de tartre jusqu'à consistance mousseuse. Pendant que le mélangeur est en marche, continuez à fouetter les blancs tout en ajoutant graduellement le $\frac{1}{4}$ de tasse de sucre restant. Battre 4 à 5 minutes, jusqu'à ce que les blancs deviennent brillants et développent des pics fermes.

e) Plier les blancs d'œufs dans la pâte à gâteau et mélanger délicatement jusqu'à ce que les blancs d'œufs soient incorporés. Transférer la pâte dans le moule à gâteau préparé.

f) Rincez un panier vapeur en bambou et son couvercle sous l'eau froide et placez-le dans le wok. Versez 2 pouces d'eau, ou jusqu'à ce qu'elle dépasse le bord inférieur du cuiseur vapeur de $\frac{1}{4}$ à $\frac{1}{2}$ pouce, mais pas au point de toucher le fond du panier. Placez le plat central dans le panier vapeur.

g) Porter l'eau à ébullition à feu vif. Placez le couvercle sur le panier vapeur et baissez le feu à moyen. Faites cuire le gâteau à la vapeur pendant 25 minutes ou jusqu'à ce qu'un cure-dent inséré au centre en ressorte propre.

h) Transférer le gâteau sur une grille de refroidissement et laisser refroidir pendant 10 minutes. Démoulez le gâteau sur la grille et retirez le papier sulfurisé. Retournez le gâteau sur une assiette de service afin qu'il soit à l'endroit. Couper en 8 quartiers et servir chaud.

99. Soufflés aux œufs de sucre

Ingrédients

- ½ tasse d'eau
- 2 cuillères à café de beurre non salé
- ¼ tasse de sucre, divisé
- Sel casher
- ½ tasse de farine non blanchie tout usage
- 3 tasses d'huile végétale
- 2 gros œufs, battus

les directions:

a) Dans une petite casserole, chauffer l'eau, le beurre, 2 cuillères à café de sucre et une pincée de sel à feu moyen-vif. Porter à ébullition et incorporer la farine. Continuez à remuer la farine avec une cuillère en bois jusqu'à ce que le mélange ressemble à de la purée de pommes de terre et qu'une fine pellicule de pâte se soit développée au fond de la casserole. Éteignez le feu et transférez la pâte dans un grand bol à mélanger. Laisser refroidir la pâte environ 5 minutes en remuant de temps en temps.

b) Pendant que la pâte refroidit, versez l'huile dans le wok; l'huile doit être d'environ 1 à $1\frac{1}{2}$ pouces de profondeur. Porter l'huile à 375°F à feu moyen-vif. Vous pouvez dire que l'huile est prête lorsque vous y trempez le bout d'une cuillère en bois et que l'huile bouillonne et grésille autour de la cuillère.

c) Versez les œufs battus dans la pâte en deux fois, en remuant vigoureusement les œufs dans la pâte avant d'ajouter le lot suivant. Lorsque tous les œufs ont été incorporés, la pâte doit avoir un aspect satiné et brillant.

d) À l'aide de 2 cuillères à soupe, prélevez la pâte avec l'une et utilisez l'autre pour pousser doucement la pâte de la cuillère dans l'huile chaude. Laissez les choux frire pendant 8 à 10 minutes, en les retournant souvent, jusqu'à ce qu'ils gonflent à 3 fois leur taille d'origine et deviennent dorés et croustillants.

e) À l'aide d'une écumoire wok, transférer les choux sur une assiette tapissée de papier absorbant et laisser refroidir pendant 2 à 3 minutes. Mettez le sucre restant dans un bol et mélangez-y les choux. Servir chaud.

100. Chrysanthème et Pêche Tong Sui

Ingrédients

- 3 tasses d'eau
- ¾ tasse de sucre cristallisé
- ¼ tasse de cassonade claire
- Morceau de gingembre frais de 2 pouces, pelé et écrasé
- 1 cuillère à soupe de bourgeons de chrysanthème séchés
- 2 grosses pêches jaunes, pelées, dénoyautées et coupées en 8 quartiers chacune

les directions:

a) Dans un wok à feu vif, porter l'eau à ébullition, puis baisser le feu à moyen-doux et ajouter le sucre cristallisé, la cassonade, le gingembre et les bourgeons de chrysanthème. Remuer doucement pour dissoudre les sucres. Ajouter les pêches.

b) Laisser mijoter doucement pendant 10 à 15 minutes, ou jusqu'à ce que les pêches soient tendres. Ils peuvent donner une belle couleur rosée à la soupe. Jeter le gingembre et répartir la soupe et les pêches dans des bols et servir.

CONCLUSION

On pense que le wok a été inventé pour la première fois en Chine, il y a plus de 2000 ans, sous la dynastie Han. Dérivé du mot cantonais signifiant 'Cooking Pot', les premiers modèles de wok étaient faits de métaux en fonte, ce qui leur permettait d'être plus durables et durables.

De nos jours, le wok est utilisé partout dans le monde pour toute une gamme de repas. La majorité des woks sont fabriqués en acier au carbone, ce qui leur permet d'être durables et antiadhésifs tout en étant légers à ramasser.

Bien sûr, la cuisine asiatique repose fortement sur le wok, mais il existe de nombreuses autres utilisations du wok. Le wok est l'un des outils de cuisson les plus polyvalents au monde et peut être utilisé pour des techniques de cuisson telles que : Sauté, Cuisson à la vapeur, Poêle, Friture, Bouillir, Braiser, Saisir, Fumer et Mijoter.

La conception permet à la chaleur d'être répartie uniformément dans tout le wok, ce qui signifie que tous vos ingrédients cuisineront et seront prêts en même temps. En plus de cela, le fait que vous puissiez utiliser très peu d'huile de cuisson avec un wok tout en ayant des aliments savoureux et non collants est un énorme avantage. Parfois, vous aurez peut-être besoin d'accessoires pour accompagner votre wok, comme un couvercle de wok pour cuire à la vapeur/bouillir ou même un anneau de wok qui garantit que votre wok ne glissera pas pendant la cuisson.

www.ingramcontent.com/pod-product-compliance
Lightning Source LLC
Chambersburg PA
CBHW051704160426
43209CB00004B/1014